Stephan Marks

Die Kunst nicht abzustumpfen
Hoffnung in Zeiten der Katastrophen

Gütersloher Verlagshaus

Inhalt

Einleitung 6

TEIL I: Hoffnung schöpfen 12

1. Optimismus – Pessimismus – Hoffnung 14
2. Vier Propheten 19
   Moses 19
   Jeremia 21
   Jesaja II 24
   Martin Luther King jr. 28
3. Verwandlung 33
4. Leidenschaft 41
   Die Schmerzen über die Welt 41
   Was tun? 48
   Zeit 51
   Über den Umgang mit schmerzhaften Nachrichten ...52
   Nur wo Stille ist, da kann auch ein Weg sein 58
5. Vom Umgang mit den Emotionen über die Welt ...60
6. Anregungen zum Schöpfen von Hoffnung 63
   Hoffnungsarbeit mit Erwachsenen 63
   Hoffnungsarbeit mit Kindern und Jugendlichen ...65

TEIL II: Hoffnung hegen 70

1. Was bringt das? 72
2. Angst vor Ausgrenzung 76
3. Zweifel an den eigenen Fähigkeiten 78
4. Zweifel am Erfolg 84

5. »Dagegen« 92
6. »muss« 100
7. »man« 106
   Ich 107
   Selbst 109
8. »doch« 115
9. »etwas« 121
   Was 121
   Berufung 124
   Wie 126
   Das integrale Bewusstsein 132
10. »tun« 140
   Hilflose Helfer? 145
   Über die Zeit 148

Teil III: Guter Hoffnung sein 154

1. Drei Denkblockaden 157
   Die Kausalitäts-Brille 157
   Die mathematische Brille 159
   Die Brille linearen Denkens 162
2. Kairos 166
   Vorbereiten 168
   Merken 170
   Bereit sein 171
3. Schwanger mit Zukunft 173
4. Ein Schmetterling wird geboren 176
   Downshifting 178
   Occupy 179
   Metamorphose 180

Dank 183
Literatur 185

Einleitung

Ist der Anblick des nächtlichen Sternenhimmels, der Milchstraße mit ihren Myriaden von Sternen, nicht Ehrfurcht erweckend? Ist es nicht höchst eindrucksvoll, wie sich im Laufe der Jahrmillionen immer wieder neue Lebewesen entwickelten, ein überwältigender Reichtum an Formen, Farben, Klängen und Düften? Ist es nicht erstaunlich, wie sich am Ende jedes Winters, noch unter einer dicken Schneeschicht, neues Leben zu regen beginnt, das sich in den Frühjahrsmonaten in einer unglaublichen Fülle entfaltet? Ist es nicht ein Wunder, wie sich eine Raupe in einen Schmetterling verwandelt? Ist die Fähigkeit des Körpers, nach Verletzungen zu regenerieren, nicht enorm? Sind die Fähigkeiten des menschlichen Geistes, die Geheimnisse der Natur zu entschlüsseln, und seine Kreativität nicht beeindruckend? Ist die Schöpfung nicht wunderbar?

Zugleich ist das Leben, solange ich mich zurückerinnern kann, seit den 1950er-Jahren, trotz steigendem Lebensstandard stets überschattet von schrecklichen Ereignissen und drohenden Katastrophen: kalter Krieg, Atomkriegsgefahr, Wirtschaftskrisen, Rechtsextremismus, Energiekrisen, Nahostkonflikt, Terrorismus, Armut, Kriege, Hungersnöte, Dürre- und Flüchtlingskatastrophen, Artensterben, Ausbreitung der Wüsten, Atomreaktor-Unfälle, Atommüllskandale, Amokläufe, Gifte in der Nahrung, in der Muttermilch und im Trinkwasser, Schulden- und Finanzkrisen, Klimakatastrophe und vieles mehr. In all diesen Jahrzehnten wurde kaum eines dieser Probleme wirklich gelöst, insofern waren dies verlorene Jahrzehnte. Im Gegenteil scheint sich die Taktfolge der Krisen und Katastrophenszenarios immer noch mehr zu verdichten:

Als ich im März 2011 die erste Einleitung für dieses Buch verfasste, hatte sich wenige Tage zuvor die Reaktor-Katastrophe von Fukushima ereignet: Durch das Tōhoku-Erdbeben und den nachfolgenden Tsunami wurden vier Reaktorblöcke massiv beschädigt. Ungeklärte Mengen an Radioaktivität (darunter das hochgiftige Plutonium mit einer Halbwertzeit von 24.000 Jahren) gelangten in die Luft, in die Erde, in das Grundwasser und in das Meer. Eine unbekannte Zahl von Arbeitern und Anwohnern wurden verstrahlt; noch Monate später ist das Problem nicht behoben und die Langzeitfolgen der Katastrophe sind nicht abschätzbar.

Erschüttert verfolgten in den ersten Wochen Millionen von Menschen weltweit die Ereignisse am Fernsehen, im Internet oder über die Tageszeitungen. Viele Medien berichteten nonstop und mit Live-Tickern von den stümperhaften Versuchen, eine Kernschmelze abzuwenden.

Manche Kommentatoren bewerteten die Katastrophe spontan als Zeitenwende; so rief etwa das Nachrichtenmagazin *Der Spiegel* am 14. März 2011 das »Ende des Atomzeitalters« aus. Die Bundesregierung verkündete zunächst ein Moratorium, wonach sieben der ältesten AKWs vorübergehend abgeschaltet und auf ihre Sicherheit kontrolliert werden sollten. Gut zwei Wochen später gingen die Grünen als große Gewinner aus den Landtagswahlen in Baden-Württemberg und Rheinland-Pfalz hervor; sie übernahmen in beiden Ländern, in Koalition mit der SPD, die Regierungsverantwortung. Im Sommer 2011 beschloss die schwarz-gelbe Koalitionsregierung in Berlin den Ausstieg aus der Atomenergie – allerdings verzögert bis zum Jahr 2022 und bezogen nur auf die Bundesrepublik Deutschland.

Aber reicht das aus? In den umliegenden Ländern werden Atomkraftwerke weiter betrieben. Beispielsweise im französischen Fessenheim, nur etwa 20 Kilometer Luftlinie von meinem Wohnort Freiburg entfernt: Die zwei Reaktoren sind seit 1977/78 in Betrieb und technologisch veraltet; zahlreiche Störfälle sind dokumentiert. Das AKW liegt im Oberrheingraben, einer stark durch Erdbeben gefährdeten Zone. So wird die Stärke des verheerenden Erdbebens von Basel 1356 auf 6 bis 7 auf der Richterskala geschätzt, während Fessenheim lediglich auf 6,5 ausgelegt ist.

So scheint der Lerneffekt, der durch Fukushima ausgelöst wurde, letztlich doch recht gering zu sein. Schon wenige Monate später ist diese Katastrophe weitgehend aus dem Bewusstsein verschwunden; die Schlagzeilen werden heute von anderen Krisen und Gefahrenherden beherrscht. Fukushima ist heute bestenfalls noch eine von vielen Meldungen neben Fußballergebnissen, neben dem Wetterbericht, neben Klatschmeldungen über Dieter Bohlen und Lady Gaga … Alles ist gleich gültig, alles ist gleichgültig?

Kehren die Menschen nach den Tagen des Erschreckens über Fukushima wieder zum Alltag zurück – ähnlich wie nach der Bohrinsel-Explosion im Golf von Mexiko im Jahr 2010? Wie nach dem Terrorangriff auf New York am 11. September 2001? Wie nach der Tankerkatastrophe der Exxon Valdez im Jahr 1989? Wie nach den Reaktorunfällen von Tschernobyl im Jahr 1986? Und wie nach all den unzähligen Schreckensmeldungen der letzten Jahrzehnte? Hat denn die Menschheit aus all diesen Katastrophen noch immer nichts gelernt? Muss erst alles noch schlimmer kommen, um die Menschheit zum Umdenken zu bringen?

Tag für Tag verfolgen die Menschen die Prognosen über das Wirtschaftswachstum, als ob nur eine wachsende Wirtschaft – und damit wachsender Konsum – Glück und Sicherheit bedeute. »Shoppen ist geradezu staatsbürgerliche Pflicht« (Müller / Tuma 2010, 57); schon Kinder werden jährlich mit bis zu 40.000 – immer raffinierteren – TV-Werbesendungen bombardiert. Dabei ist spätestens seit 1972 bekannt, dass die Wirtschaft nicht unbegrenzt wachsen kann: seit der Club of Rome die Studie zur Zukunft der Weltwirtschaft »Die Grenzen des Wachstums« (Meadows u.a. 1972) veröffentlichte. Nichtsdestotrotz setzt unsere Gesellschaft – wie wenn sie unter Hypnose stände – auf eine weiter und immer weiter wachsende Wirtschaftsproduktion, die wiederum Unmengen an Energie verbraucht. Dies kommt mir so vor, wie wenn wir in einem Auto sitzen, das auf einen Abgrund zurast und statt das Steuer herumzureißen, treten wir noch stärker auf das Gaspedal. Sind wir denn noch zu retten? Könnte es – trotz alledem – noch Hoffnung geben? Und, wenn ja: Woher könnte sie kommen? Diese Fragen möchte das vorliegende Buch beantworten.

Dabei gilt mein Hauptaugenmerk den globalen Krisen und der Hoffnung auf Frieden, Gerechtigkeit und Naturbewahrung – für alle. Es geht mir in diesem Buch nicht um die Rettung eines Wohlstandes, der auf Kosten unserer hungernden Mitmenschen in der so genannten »Dritten Welt« geht; auch nicht um die Verteidigung von Privilegien einzelner Interessengruppen, Nationen oder der »Festung Europa«. Es geht mir um eine gelingende Zukunft für alle, für die *Eine Welt*.

Allerdings wird die Rettung nicht vom Himmel fallen; auch mit einer guten Fee können wir nicht rechnen. Vielmehr müssen wir Menschen die Probleme, die wir verursacht haben, selber lösen. Dies setzt allerdings voraus, dass wir zuallererst an die Möglichkeit einer gelingenden Zukunft glauben: dass wir *Hoffnung* haben.

Hoffnung ist kein positives »Feeling«; sie ist keine flüchtige Stimmung, die mal kommt oder geht. Hoffnung ist aber auch keine dauerhafte Charaktereigenschaft oder ein statisches Objekt. Sie ist vielmehr das Ergebnis eines *Prozesses*, durch den sie geschöpft werden kann; dies wird im ersten Teil dieses Buches herausgearbeitet.

Entsprechend lässt sich die Hoffnung auch nicht festhalten und besitzen. »Hoffnung kann man nicht herbeizwingen, aber ihr eine Wohnung bereiten. (…) Hoffnung will immer neu gewagt werden!« (Romankiewicz 2010, 45+47). Wir müssen sorgsam mit ihr umgehen, sie »hegen« und pflegen. Dies lässt sich vergleichen mit einer aufrechten Körperhaltung, die durch Übungen erlernt und bewahrt werden kann. Ähnlich vergleicht der Sozialpsychologe Roy Baumeister den menschlichen Willen mit einem »Muskel, der trainiert werden kann, der erschlafft, wenn wir ihn nicht trainieren« (zit. in: Huber 2010, 31).

Insofern ist Hoffnung eine *Haltung*, zu der jeder Mensch sehr viel beitragen kann. Sie ist kein abstraktes Gedankengebäude, sondern hat wesentlich mit Handeln zu tun. Für den Theologen Fulbert Steffensky (2009, 34) wächst die Hoffnung, wo wir Hand anlegen: »Wenn ich irgendwo vor einem Waffenlager sitze und protestiere, dann verwelkt meine Hoffnungslosigkeit.« Allerdings ist die Einstellung, die wir gegenüber unserem Handeln einnehmen, von wesentlicher Bedeutung; dies ist Gegenstand des zweiten Teils.

Die Redewendung »guter Hoffnung sein« vergleicht Hoffnung mit Schwangerschaft. Entsprechend beschreibe ich im dritten Teil die Gegenwart als eine Zeit der Schwangerschaft, in der eine gelingende Zukunft dazu drängt, geboren und in die Welt gebracht zu werden. So betrachtet, benötigt unsere Gesellschaft dringend »Hebammen«, welche das Werden und die Geburt des Neuen begleiten und eine Fehlgeburt nach Möglichkeit verhindern. Denn es gilt, trügerische, falsche oder »böse« Hoffnung abzuwenden (eine Form von fehlgeleiteter, missbrauchter Hoffnung war z. B. der Nationalsozialismus). Insofern ist Hoffnung ein »Möglichkeitsraum«, in dem *Neues* geschehen kann.

Das Wort »neu« wurde in den vergangenen Jahrzehnten wie kaum ein anderes inflationiert und banalisiert: »Das neue Persil«, »die neue Colgate«, »der neue Golf« … in aller Regel verbirgt sich hinter solchen Formulierungen Altes, das nur geringfügig modifiziert wurde. Im Unterschied dazu verwende ich hier das Wort »neu« im Sinne einer grundlegenden, qualitativen Veränderung, wie sie durch Begriffe wie Transformation oder Metamorphose (z. B. einer Raupe in einen Schmetterling) bezeichnet wird. Oder als Metanoia; dieser theologische Begriff meint eine Wandlung (wie z. B. die von Saulus zum Paulus). Es geht um Neues, das diesen Namen wirklich verdient und nicht einfach nur die Verlängerung des Alten ist.

Viel zu lange wurde die Hoffnung, so Martin Seligman (1990, 48), denjenigen Priestern, Politikern und Profitmachern überlassen, die sie missbrauchen. Höchste Zeit, sie aus der abgehobenen »Sphäre« der abstrakten und missbrauchbaren Ideen sozusagen herunterzuholen und tauglich für den Alltag zu machen. Mit diesem Buch möchte ich zu dem beitragen, was Ernst Bloch (1985, 1), der große Philosoph der Hoffnung, als grundlegende Aufgabe unserer Zeit bezeichnete: »Es kommt darauf an, das Hoffen zu lernen. Seine Arbeit entsagt nicht, sie ist ins Gelingen verliebt statt ins Scheitern.«

Teil I

Hoffnung schöpfen

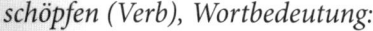

schöpfen (Verb), Wortbedeutung:

a) löffeln, schaufeln; mit einem Gefäß (Kelle, Eimer, hohle Hand) Gegenstände oder einen kleinen Teil der Flüssigkeit aus einer größeren Menge der Flüssigkeit herausnehmen, entnehmen (z. B. Wasser aus einem Brunnen, Bach, Kessel, einer Quelle oder Wanne). Redensart: »Aus dem Vollen schöpfen«.

b) schaffen, erzeugen, anfertigen, entwerfen, entwickeln, erstellen, gestalten, hervorbringen, kreieren, produzieren, realisieren, erschaffen (die Schöpfung, der Schöpfer). Geschöpft werden z. B. Ideen, Inspirationen, Fantasien, Einfälle, (neue) Hoffnung, Verdacht oder Argwohn, (neuer) Atem, frischer Mut, Trost, neue Kraft.

Vgl. erschöpfen (Verb): aufzehren, gründlich bereden, zerpflücken, ermüden, auslaugen, ermatten, kraftlos werden, abnutzen, abmagern, zermürben, sich abschinden, aufreiben, auslaugen, ausbeuten, quälen, überfordern, entkräften, leer machen, müde werden, abbauen, schwächen, sich beschäftigen, völlig aufbrauchen, verschleißen.

1. Optimismus – Pessimismus – Hoffnung

Ich weigere mich, ohne Hoffnung zu sein.
Nadine Gordimer

Der Frühstückstisch ist gedeckt mit Butter, Käse, Wurst, Marmelade und frischen Brötchen. Neben der Teekanne liegt die Tageszeitung. Auf dem Titelbild blicken mich die verzweifelten Augen eines ausgemergelten afrikanischen Kindes an. Wie kann ich es mir schmecken lassen, während dieses Kind an meinem Tisch sitzt? Was tun? Soll ich die Zeitung umdrehen und mir einreden, ich wüsste nicht, dass heute Menschen hungern? Soll ich mir einreden, ich wüsste nicht, dass mein Wohlstand hier, in der selbsternannten »Ersten Welt«, auf der Armut in der »Dritten« beruht? Aber wenn ich dies tue: Was für ein Mensch bin ich dann?

Tag für Tag werden wir durch Zeitungen, Zeitschriften, Fernsehen, Rundfunk, Internet und andere Medien mit einer Fülle alarmierender Nachrichten aus aller Welt geradezu bombardiert: mit Informationen über Hunger, Kriege, Umweltzerstörung und drohende Klimakatastrophe, Armut, Flüchtlingstragödien, Wirtschafts- und Finanzkrisen, Terrorismus, Kindsmissbrauch, Folter und vielem mehr – vermischt mit Meldungen über politische Skandale, Sportereignisse, Prominente, Wetter, Kultur, Lokalereignisse, Werbung usw.

Viele Menschen blenden die Fülle von Negativmeldungen mehr oder weniger aus. Diese Haltung ist in gewisser Weise verständlich: Wie sonst wären die Horror-Meldungen zu ertragen? Wie wäre der Alltag noch zu bewältigen, wenn man all dieses Leid an sich heranlassen würde? Bestünde nicht die Gefahr, vom Elend überwältigt und gelähmt zu werden?

Diese Gefahr besteht in der Tat. Gerade bei Menschen, die sich für das Geschehen in der Welt interessieren, habe ich dies häufig beobachtet. Sie sind zwar umfassend informiert über die vergangenen, gegenwärtigen und drohenden Katastrophen in allen Teilen der Erde – und zugleich haben sie eine bleierne Schwere an sich. Es ist, als ob sie von den Negativmeldungen wie paralysiert und bitter geworden sind. Wie Dorothee Sölle (2009, 250) häufig beobachtete, haben gerade gutinformierte Intellektuelle, Lehrer und Universitätsprofessoren wenig Hoffnung: »Ihre Lebensattitude ist ein intelligenter Zynismus, der manchmal wie Asche noch die Glut eines früheren Feuers enthält, oft aber auch ausgebrannt und kalt ist.«

Idealtypisch möchte ich die Hoffnung von zwei Haltungen abgrenzen, die ich hier als Optimismus und Pessimismus bezeichne. Letztere wird oft als Gegenpol zur Hoffnung betrachtet. Optimismus andererseits wird häufig mit Hoffnung verwechselt (Bruininks / Malle 2005) – aber, so Vaclav Havel, »Hoffnung ist nicht dasselbe wie Optimismus. (… Sie ist nicht dasselbe wie die Freude darüber, dass sich die Dinge gut entwickeln.« (zit. in Schulz 2005, 144). Welches sind die Unterschiede?

Pessimisten wissen auf ein »Ja« immer ein »Aber«. Sie betrachten die Welt unter negativem Vorzeichen, sie erwarten ein böses Ende. Sie sagen etwa: »Es ist schon zu spät«, »man kann eh nichts machen«, »der Einzelne kann gegen die da oben gar nichts ausrichten« oder »es wird nicht gut enden«. Mit dieser Meinung haben Pessimisten (scheinbar) immer Recht, denn sie scheint Tag für Tag durch die Flut von Negativmeldungen bestätigt zu werden. Ist Pessimismus der Preis, der unvermeidbar für das Gut-informiert-Sein zu bezahlen ist?

Optimisten erwarten stets ein gutes Ende – freilich unter Ausblendung der bedrohlichen Informationen. Sie sagen etwa: »Es wird schon wieder gut werden« oder »alles nicht so schlimm, es wird schon wieder«. Optimismus ist positives Wunschdenken.

Beide Haltungen, Optimismus wie Pessimismus, haben zur Konsequenz, dass die Betreffenden sich nur wenig engagieren und ihre Fähigkeiten zur Lösung der gesellschaftlichen und globalen Probleme kaum in die Gesellschaft einbringen. Die Optimisten, weil es diese Probleme für sie eigentlich nicht gibt, und die Pessimisten, weil diese ihrer Meinung nach nicht mehr zu lösen sind. Beide Haltungen könnten – wie eine Sich-selbst-erfüllende-Prophezeiung – dazu führen, dass die befürchtete bzw. verleugnete Katastrophe tatsächlich eintritt: weil wir es versäumen, dagegenzusteuern, solange noch Zeit ist.

Nicht selten tragen Pessimisten sogar aktiv dazu bei, die Hoffnung von Mitmenschen zu vernichten: »Ekelhafte Schänder der Hoffnung«, so Fulbert Steffensky (2010, 52), »die sich auf die Kunst der Ohnmacht spezialisiert haben, auf die Kunst der Entlarvung aller Hoffnung.« Etwa gutinformierte Intellektuelle, die Ansätze zur Hoffnung zu zerstören suchen, indem sie belegen, dass diese zum Scheitern verurteilt seien. So berichtet Steffensky (2010, 52) von einem Journalisten, der Kindern, die sich für die Einsparung von Abfall engagierten, nachwies, wie wenig mit ihrem Einsatz gewonnen sei: »Es war, als könnte er nicht dulden, dass Menschen Hoffnung haben und sie darstellen in ihrer Arbeit.« Dabei hatten diese Kinder etwas getan, »was sie sich selbst schuldig waren: Sie haben nicht tatenlos zugesehen.« Damit hatten sie die geläufige, lähmende Haltung, wonach man ja nichts tun könne, überwunden.

Mit diesem Buch möchte ich, jenseits von Optimismus und Pessimismus, einen »dritten Weg« aufzeigen: Hoffnung. Den Unterschied zwischen diesen drei Haltungen möchte ich anhand des bekannten Wortspiels veranschaulichen, wonach Optimisten ein halbvolles Wasserglas sehen, Pessimisten ein halbleeres. Demgegenüber bedeutet Hoffnung die Bereitschaft, nach seinen Fähigkeiten und Möglichkeiten dazu beizutragen, dass das Glas voller wird – ganz unabhängig davon, wie voll oder leer es jeweils sein mag. Weil diese Frage im Grunde irrelevant ist.

Auch Hoffnung kann zu einer Sich-selbst-erfüllenden-Prophezeiung werden, denn indem Menschen an die *Möglichkeit* einer gelingenden Zukunft glauben, investieren sie in eine solche und erhöhen damit die Chancen, dass das Erhoffte auch eintritt (Alexander 2008). Ich betone das Wort »Möglichkeit«, denn Hoffnung ist nicht die Gewissheit über eine gelingende Zukunft. Sie ist weder Zukunftsprognose noch »Kontrolle« über schwierige Lebensumstände (Alexander 2008). Sie ist nicht mit zielorientiertem Denken zu verwechseln (Snyder 2002). Hoffnung geht über Zuversicht oder Optimismus hinaus und ist wichtiger als diese (Lazarus 1999).

Wer hofft
ist jung

Wer könnte atmen
ohne Hoffnung
dass auch in Zukunft
Rosen sich öffnen

Ein Liebeswort
die Angst überlebt

Rose Ausländer[1]

Die Fähigkeit, hoffen zu können, ist zutiefst menschlich – Tiere vermögen dies nicht (Pieper 2009, 27). Für Immanuel Kant zählt sie zum Kanon der vier Fragen, die für das menschliche Selbstverständnis grundlegend sind: Was kann ich wissen? Was soll ich tun? Was darf ich hoffen? Was ist der Mensch?

Hoffnung ist mehr als nur Theorie; sie ist auch mit positiven Gefühlen verbunden (Kast 2008). Vermutlich geht das Wort zurück auf »hüfen«, also etwa: »vor freudiger Erwartung springen«. Hoffnung ist jedoch mehr als nur eine flüchtige Stimmung, die – mehr oder weniger zufällig – kommen oder

---

1. Ausländer (1994, 37).

gehen mag. Sie kann relativ beständig sein, kann aber auch enttäuscht werden und wieder verschwinden (Brodda 2006, 25). Sie ist daher keine feste Charaktereigenschaft, die der eine Mensch von Natur aus besitzt (»sie hatte schon immer so ein sonniges Gemüt«) und der andere nicht (»er ist halt von Natur aus schwermütig«).

Hoffnung lässt sich nur bedingt vornehmen. Auch wenn Lernprogramme im »positiven Denken« durchaus hilfreich sein können: Hoffnung ist so einfach nicht zu haben. Sie lässt sich auch nicht von anderen einfordern; etwa wenn Stéphane Hessel (2011, 20) dazu aufruft: »Wir müssen hoffen, immerzu hoffen.« Oder wenn der Management-Professor Kets de Vries (2009) Politiker und Manager dazu auffordert, Hoffnung zu verbreiten: »Man muss dieses pessimistische Denken stoppen«.

Hoffnung ist vielmehr eine Haltung, für deren Gewinnung wir sehr viel tun können; Klaus Brodda (2006, 25) spricht vom »hoffnungsbildenden Prozess«. Freilich lässt sich Hoffnung nicht »machen« im Sinne des herrschenden Machbarkeitswahns. Dies mag mit dazu beitragen, dass der Begriff, so Haimerl (2006, 56), »in unserer gesellschaftlichen Landschaft fast wie ein verlorener Außerirdischer« anmutet, denn er beinhaltet auch etwas, was vielleicht als Geschehenlassen, Gnade oder Geschenk umrissen werden könnte (insofern »fällt« Hoffnung in gewisser Weise doch »vom Himmel«).

Hoffnung kann aus einem Prozess entstehen, durch den wir sie schöpfen können; dies wird in den folgenden Abschnitten ausgeführt: Zunächst, in einem Exkurs, aus theologischer Sicht, dargestellt am Beispiel von vier Propheten aus dem Alten Testament und der Gegenwart, in den folgenden Kapiteln aus psychologischer und pädagogischer Perspektive.

2. Vier Propheten

In einem ersten Durchgang durch das Thema werde ich den Prozess der Hoffnung am Beispiel der alttestamentarischen Propheten Moses, Jeremia und Jesaja II sowie Martin Luther King jr. darstellen. Dabei beziehe ich mich auf den US-amerikanischen Theologen Walter Brueggemann (1978, 1986), dessen Ausführungen ich hier in freier Übersetzung zusammenfasse: Propheten werden häufig oberflächlich als Wahrsager oder politische Aktivisten missverstanden. Wie Brueggemann zeigt, sind sie jedoch in viel grundlegenderer Weise mit gesellschaftlichem Wandel befasst: Ihre Aufgabe besteht darin, ein Wahrnehmungsvermögen und Bewusstsein zu fördern, das alternativ ist zur herrschenden Wahrnehmung und zum Bewusstsein ihrer Zeit. Dabei sprechen die drei Propheten nicht nur ein jeweils aktuelles, manifestes Krisensymptom an, sondern – viel grundlegender – die latente Dauerkrise ihrer Gesellschaft. Brueggemann führt dies aus an drei Abschnitten in der Geschichte Israels, an denen er idealtypisch das Wirken der Propheten Moses, Jeremia und Jesaja II beschreibt: in der Sklaverei in Ägypten; in der salomonisch geprägten Überfluss-Gesellschaft und im babylonischen Exil.

Moses

Moses initiiert eine radikale Veränderung der Lebenssituation der Israeliten: ihren Auszug aus der Sklaverei in Ägypten. Er erreicht dies, indem er die Haltung seiner Mitmenschen, die ihre Versklavung erst ermöglichte, grundlegend verändert. Denn solange der Pharao die optimistische Illusion aufrecht zu erhalten vermochte, dass im Grunde alles in Ordnung sei, solange konnte keine ernsthafte Kritik stattfinden. Diese beginnt, so Brueggemann (1978, 20), mit der Fähigkeit zu trauern: Dies ist die radikalste Kritik. Denn darin kündigt sich die Tatsache an, dass die Dinge, so wie sie sind, *nicht* gut sind. Dies wird im Alten Testament so beschrieben:

> Und die Kinder Israel seufzten über ihre Arbeit und schrien, und ihr Schreien über ihre Arbeit kam vor Gott.
> Und der Herr sprach: Ich habe gesehen das Elend meines Volkes in Ägypten und habe ihr Geschrei gehört über die, so sie drängen; ich habe ihr Leid erkannt. Und Gott erhörte ihr Wehklagen und gedachte an seinen Bund mit Abraham, Isaak und Jakob.
>
> *Moses 2, 23-24*

Daher beginnt die Geschichte Israels mit dem Tag, an dem sie sich ihres Leids und ihrer Schmerzen über ihre Lebenssituation bewusst werden und diese öffentlich zum Ausdruck bringen. Mit dem Tag, an dem sie nicht länger zu den ägyptischen Göttern beten: zu Göttern, die ihnen weder zuhören, noch antworten. Dies ist der wesentliche erste Schritt zu einem neuen Bewusstsein und in der Folge zu einer neuen gesellschaftlichen Realität der Israeliten: ihrem Auszug aus der Sklaverei.

Für Brueggemann besteht prophetische Kritik darin, die Menschen hin zu ihrer eigenen ruhelosen Trauer zu bewegen: sie »wegzuhegen« von den etablierten Beschwerde-Instanzen, die ihnen gegenüber gleichgültig sind. Wesentlich ist, dass die Israeliten sich nichts mehr vom abgestumpften Herrschaftssystem des Pharao und dessen Göttern erhoffen.

Dieses System möchte glauben machen, dass alles schon gegeben sei, dass sich nichts ändern wird. Seine Sprache ist die Sprache der Manager; dabei geht es nur um Produktion, Termine und Märkte, und darin ist kein Platz für wirkliche Veränderung. Demgegenüber bringen Propheten eine neue gesellschaftliche Realität zum Ausdruck.

Jeremia

Jahrhunderte später, in der salomonisch geprägten Gesellschaft. Hier herrscht ein unglaublicher Wohlstand und Überfluss, der jedoch ungerecht verteilt ist. Mitmenschlichkeit ist ersetzt durch eine Konsumhaltung, in der die Mitmenschen nur als ausbeutbare Objekte betrachtet werden. Gerechtigkeit ist eingetauscht gegen Saturiertheit; aber, so Brueggemann, das Glück von Saturiertheit ist nicht dasselbe wie das Glück der Freiheit. Wenn wir Menschen uns jedoch gegenüber dem Unrecht, das unserem Nächsten widerfährt, immun machen, dann töten wir auch unsere Leidenschaft ab. Und wo die Leidenschaft fehlt, da ist auch keine Kraft zur Veränderung.

Das Lebensgefühl dieser Gesellschaft ist Überdruss an der Welt, Langeweile, Eitelkeit und Entfremdung. Die Vision von Freiheit, Mitmenschlichkeit und Gemeinschaft ist ersetzt durch Sicherheit, Ausbeutung und Wohlstand – für die Herrschenden; deren Kosten sind von den gesellschaftlich Unteren zu tragen.

Die Ökonomie dieses Reiches ist ganz darauf ausgerichtet, die Menschen saturiert zu halten. Eine andere Zukunft ist nicht vorstellbar; alternative Zukunftsentwürfe gelten als schlechter Witz oder Verrücktheit, als Fall für den Psychiater. Politik besteht aus Aktentaschen, Limousinen, Pressekonferenzen, Sollvorgaben und neuen Waffensystemen – und in dieser Welt ist kein Platz für Wehklagen und Tanzen. Die Menschen sollen ihre Schmerzen nicht spüren, sondern durch Konsum wegdrücken. Man ist optimistisch.

»Saturiertheit für alle«: Mit diesem politischen Programm wurde das Verständnis dessen, was es heißt, Mensch zu sein, umdefiniert. Im Mittelpunkt steht nur noch die Befriedigung der eigenen, narzisstischen Begehrungen. Dieses Programm wird unterstützt durch eine Management-Mentalität, wonach es keine Lebendigkeit zu feiern, sondern nur Probleme zu »managen« gilt. Mitgefühl mit dem Nächsten ist abgeschafft

– als ob der Einzelne auf Dauer ohne »Du« leben könnte, als beziehungsloser »Self-made-man«.

Die Menschen sind abgestumpft: »Du sollst nicht merken.« Demgegenüber ist es die Aufgabe der Propheten, den Menschen zu helfen, ihrer eigenen Wahrnehmung und Erfahrung zu trauen und wieder zu »merken«: dass wir uns nämlich zu Tode leiden; dass wir, wenn wir so weitermachen wie bisher, zugrunde gehen werden; dass die Dinge nicht für immer managebar bleiben werden.

Diese Einsicht ist schmerzhaft, denn, so Brueggemann (1978, 47), »wir sind nicht in der Lage, unserem eigenen Tod in die Augen zu schauen.« Weil es zu aufwendig und zu schmerzhaft ist, das drohende böse Ende anzunehmen, muss dieses verleugnet werden. Denn alles andere würde ja das Eingeständnis bedeuten, dass man nicht alles unter Kontrolle hat; dass es nicht gut ausgehen wird; dass keineswegs alles in Ordnung ist.

Robert Lifton beobachtete bei Überlebenden von Hiroshima und Nagasaki einen psychischen Schutz-Mechanismus: Man möchte über etwas Schreckliches nicht informiert sein. Denn wenn man etwas nicht weiß, dann wird es vielleicht nicht passieren und man kann sich noch eine Weile länger etwas vormachen. Nach Brueggemann verfügt unsere Gesellschaft über keine Symbole, die tief oder stark genug sind, um dem Terror der Realität zu entsprechen. Stattdessen ergehen wir uns in Optimismus, um die Trauer, die Ohnmacht, die Verzweiflung und die Scham über die Zukunft, die wir gewählt haben, zu verleugnen.

In dieser Situation ist es die Aufgabe des Propheten, durch die herrschende Taubheit und Selbst-Täuschung »hindurchzuschneiden«: Er bietet Symbole an, die dem Horror der Wirklichkeit angemessen sind und die Verleugnung beenden. Er bringt genau die Ängste und das Grauen zum Ausdruck, die so lange verleugnet werden mussten, dass wir oft gar nicht mehr wissen, dass sie da sind.

Der Prophet schafft dies nicht durch analytische Sprache, sondern mit Metaphern, sodass die Menschen an ihren Erfahrungen angesprochen werden. Auf diese Weise bringt er seinen Mitmenschen die Ängste und Schmerzen nahe, die sie verzweifelt mitteilen möchten, aber bisher nicht konnten. Er spricht die wahre Tödlichkeit an, die über uns dräut und an uns zehrt. Er bringt öffentlich das Grauen darüber zum Ausdruck, dass es zu Ende geht: mit unserer Ich-Bezogenheit; mit den Barrieren und Hackordnungen, durch die wir uns auf Kosten unserer Mitmenschen absichern; mit unserem Überfluss, der auf Kosten unserer hungernden Brüder und Schwestern geht.

Der Prophet »schneidet« durch die Taubheit und Verleugnung des herrschenden Bewusstseins mit einer Sprache, die seine Gemeinschaft in Trauerarbeit zusammenführt: mit einem Vokabular des Schmerzes. Im Grunde ist dies die Trauer Israels angesichts seines eigenen drohenden Begräbnisses. Für Brueggeman (1978, 51) stellen Trauer und Verzweiflung die ultimative Kritik dar, weil sie das Ende des herrschenden Arrangements der optimistischen Verleugnung und Abstumpfung ankündigt. Beispielhaft hierfür steht Jeremia.

Dieser Prophet wird oft als Weltuntergangsprophet oder heulendes Weichei missverstanden. Dabei artikuliert er genau das, was die Gemeinschaft verleugnen muss, um mit ihrer Selbsttäuschung fortzufahren. Er betrauert das kommende Ende seines Volkes und die Tatsache, dass dies keiner hören will. Jeremia tut dies nicht aus Selbstmitleid, sondern weil er gesehen hat, was jeder sehen könnte, wenn er nur schauen würde:

> O mein Leib, mein Leib! Ich winde mich vor Schmerz. O meines Herzens Wände! Mein Herz tobt in mir; ich kann nicht schweigen. Denn ich höre Trompetenschall und Kriegslärm; »Schlag auf Schlag« schreit man, das ganze Land wird verwüstet. Plötzlich sind meine Zelte vernichtet, im Nu sind meine Zeltdecken dahin.

Wie lange noch muss ich die Kriegsfahne sehen, Trompetenschall hören?
(…) Ich schaute die Erde an: Sie war wüst und wirr. Ich schaute zum Himmel: Er war ohne sein Licht. (…)
Ich schaute hin: Das Gartenland war Wüste und all seine Städte waren zerstört, zerstört durch den Herrn, durch seinen glühenden Zorn.
Jeremia 4: 19–26

Jeremia durchdringt die Abgestumpftheit des herrschenden Optimismus, indem er die Negativität anerkennt und die verleugnete Trauer und Verzweiflung ausspricht. Indem er die Angst und Scham angesichts der Zukunft ausspricht. Jeremia weiß, dass der verleugnete Schmerz lähmt und Neues blockiert; dass nur Trauernde sich weiterentwickeln können; dass erst Trauer Neues ermöglicht:

Ach, wäre mein Haupt doch Wasser, mein Auge ein Tränenquell: Tag und Nacht beweinte ich die Erschlagenen der Tochter, meines Volkes.
Jeremia 8: 23

Jesaja II

Während optimistische Menschen den Tod nicht sehen, können pessimistische Menschen das Neue nicht wahrnehmen. Dieses sichtbar zu machen ist die Leistung des Propheten Jesaja II:
Imperien wie das ägyptische der Pharaonen, wie das salomonische oder das babylonische verstehen sich als unveränderlich, als endgültig, »alternativlos«, als das Ende der Geschichte. Die Verhältnisse sollen so bleiben wie sie sind.

Was geschehen ist, wird wieder geschehen, was man getan hat, wird man wieder tun: Es gibt nichts Neues unter der Sonne. Zwar gibt es bisweilen ein Ding, von dem es heißt: Sieh dir das an, das ist etwas Neues - aber auch das gab es schon in den Zeiten, die vor uns gewesen sind.
Buch Kohelet 1: 9–10

Durch eine solche Weltsicht werden die gesellschaftlich Unteren in die Verzweiflung gedrückt. Denn ohne Hoffnung auf Veränderung wird ihr Leben zu einem unbefriedigenden endlosen »Durchhalten und Bewältigen«. Dringend notwendig wäre in dieser Situation ein Denken, welches die Verhältnisse in einer alternativen Weise interpretiert und Platz schafft für wirklich *Neues*. Aber so ein Denken ist völlig unakzeptabel, weil unser Denkvermögen stark eingeschränkt ist durch die herrschende Sprache und die herrschende Vorstellung von dem, was als »richtige Erkenntnis« gilt.

Wie ist da Neues überhaupt denkbar? Diese Überlegung darf nach Brueggemann nicht mit der Frage anfangen, ob eine alternativ gedachte Zukunft »realistisch« oder »politisch machbar« oder »ökonomisch tragfähig« ist. So zu fragen würde dem herrschenden Denken von vornherein das Feld überlassen.

Wir müssen vielmehr zuallererst unsere Fähigkeit zurückgewinnen, uns Neues überhaupt vorstellen zu können. Dies genau ist für Brueggemann eine Aufgabe des Propheten: die soziale Fantasie zu fördern und soziale Gestaltungskräfte freizusetzen. Dies beginnt genau nicht mit der Frage, ob eine Vision implementiert werden kann, weil die Vorstellung *vor* der Implementierung kommen muss. Unsere heutige Gesellschaft ist fähig, fast alles zu implementieren, aber fast nichts sich vorzustellen. Damit kommen wir zu Jesaja II und der Zeit im babylonischen Exil.

Hier ist das herrschende Lebensgefühl Pessimismus. In dieser Situation ist es die Aufgabe des Propheten, durch die Bewältigungs-Mentalität hindurchzuschneiden und Symbole

anzubieten, die der verbreiteten Hoffnungslosigkeit widersprechen:
Jesaja kündigt eine alternative Zukunft an. Er tut dies jedoch nicht mit neuen, schnell erfundenen, optimistischen Slogans (»Yes, we can«), sondern indem er ganz weit zurückgeht in das kollektive Gedächtnis seiner Gemeinschaft und dort jene Symbole wieder lebendig macht, die schon früher der Ausgangspunkt waren für eine Befreiung aus einer Versklavung: Er erinnert seine Mitmenschen an den Auszug der Israeliten aus Ägypten.

> Seht her, nun mache ich etwas Neues. Schon kommt es zum Vorschein, merkt ihr es nicht? Ja, ich lege einen Weg an durch die Steppe und Straßen durch die Wüste.
> *Jesaja 43: 19*

Hoffnung ist demnach keine späte, oberflächlich aufgeheftete Hypothese, um schnell ein akutes Krisensymptom zu kurieren, sondern eine grundlegende Dimension des Gedächtnisses einer Gemeinschaft. Der Prophet bringt die Sehnsüchte zum Ausdruck, die so lange verleugnet waren, dass wir gar nicht mehr wussten, dass sie da sind.

Die Sprache der Hoffnung ist nicht akademisch, sondern poetisch, sodass sie die Menschen auf verschiedenen Ebenen zu berühren vermag. Ihre Sprache ist nicht grandios (womit sie den Kontakt mit der Wirklichkeit verlieren würde), aber auch nicht trivial (sodass sie nichts bewirken könnte). Sie ist weder »Brot und Spiele« (womit sie die herrschende Hoffungslosigkeit nur unterstützen würde), noch Hoffnung ohne Trauer (was eine falsche, trügerische Hoffnung wäre). Denn es sind genau die Menschen, die den Schmerz und die Trauer kennen, die am lebendigsten über Hoffnung sprechen können.

Jesaja schneidet durch den herrschenden Pessimismus mit der Sprache des Staunens. Er kündigt Neues an, das der Wahrnehmung seiner Zeitgenossen diametral widerspricht. Dabei ist die Hoffnung, die er ankündigt, nicht ein angenehmer Gefühlszustand oder ein neuer spiritueller Zustand, sondern eine radikale politische Ansage:

> Bereitet dem Herrn den Weg, macht auf dem Gefilde eine ebene Bahn unserm Gott!
> *Jesaja 40: 3*
>
> Steig auf einen hohen Berg, Zion, du Botin der Freude! Erheb deine Stimme mit Macht, Jerusalem, du Botin der Freude! Erheb deine Stimme, fürchte dich nicht! Sag den Städten in Juda: Seht, da ist euer Gott. Seht, Gott der Herr, kommt mit Macht
> *Jesaja 40: 9–10*
>
> Aber die Blinden will ich auf dem Wege leiten, den sie nicht wissen; ich will sie führen auf den Steigen, die sie nicht kennen; ich will die Finsternis vor ihnen her zum Licht machen und das Höckerichte zur Ebene. Solches will ich ihnen alles tun und sie nicht verlassen.
> *Jesaja 42: 16*

Jeremia wie Jesaja versuchen, die herrschende Haltung zu durchdringen – der eine die optimistische Abgestumpftheit, der andere die pessimistische Hoffnungslosigkeit ihrer Zeit. Letzterer fordert Israels Vorstellungskraft zurück und betont eine Neuheit, die so alt ist, dass sie fast vergessen wurde, aber im kollektiven Gedächtnis noch lebendig ist. Durch den Rückbezug auf die Lobgesänge des Moses werden die Israeliten mit Kraft erfüllt. Aus durchlebtem Leiden wird Leidenschaft. So energetisiert Jesaja seine Mitmenschen.

> Weißt du es nicht, hörst du es nicht? Der Herr ist ein ewiger Gott, der die weite Erde erschuf. Er wird nicht müde und matt, unergründlich ist seine Einsicht.
> Er gibt dem Müden Kraft, dem Kraftlosen verleiht er große Stärke.

Die Jungen werden müde und matt, junge Männer stolpern und stürzen.
Die aber, die dem Herrn vertrauen, schöpfen neue Kraft, sie bekommen Flügel wie Adler. Sie laufen und werden nicht müde, sie gehen und werden nicht matt.
Jesaja 40: 28–31

Soweit meine Wiedergabe von Walter Brueggemanns Gedanken zu drei alttestamentarischen Propheten. Vor diesem Hintergrund möchte ich nun das Wirken eines Propheten des 20. Jahrhunderts betrachten.

Martin Luther King jr.

Am 28. August 1963 versammeln sich mehr als 250.000 Menschen – eine für die damalige Zeit unerhörte Zahl – zu einer Protestkundgebung vor dem Lincoln Memorial in Washington, D.C., um für Gleichheit und Gerechtigkeit für die schwarzen US-Bürger zu demonstrieren. Unterstützt wird dieser »Marsch auf Washington für Arbeit und Freiheit« von einem breiten Bündnis von Bürgerrechtsgruppen und Kirchen. Höhepunkt und Abschluss der Veranstaltung bildet die berühmte Rede »I have a dream« des Theologen und Bürgerrechtlers Martin Luther King, Jr. (1963)

Darin spricht er von der Emanzipationsdeklaration, die hundert Jahre zuvor von Lincoln unterzeichnet wurde, ein Erlass, der »wie ein freudiger Tagesanbruch nach der langen Nacht ihrer Gefangenschaft« gekommen sei. Jedoch sei hundert Jahre später »das Leben des Negers immer noch verkrüppelt durch die Fesseln der Rassentrennung und die Ketten der Diskriminierung.« Für den Redner ist jetzt »die Zeit, aus dem dunklen und trostlosen Tal der Rassentrennung aufzubrechen und den hellen Weg der Gerechtigkeit für alle Rassen zu beschreiten. Jetzt ist die Zeit, unsere Nation aus dem Treibsand rassischer Ungerechtigkeit zu dem festen Felsen der Brüderlichkeit emporzuheben.«

Der Aufruhr wird die Nation in ihren Grundfesten erschüttern, »bis der helle Tag der Gerechtigkeit anbricht. (…) Wir können nicht zufriedengestellt sein, solange unsere müden Leiber nach langer Reise in den Motels an den Landstraßen und den Hotels der großen Städte keine Unterkunft finden.«

Martin Luther King spricht besonders die Teilnehmer an, die aus großer »Bedrängnis« hierhergekommen sind: aus Gefängniszellen oder aus »Stürmen der Verfolgung und polizeilicher Brutalität. Ihr seid die Veteranen schöpferischen Leidens. Macht weiter und vertraut darauf, dass unverdientes Leiden erlösende Qualität hat. Geht zurück nach Mississippi, geht zurück (…) in dem Wissen, dass die jetzige Situation geändert werden kann und wird. Lasst uns nicht Gefallen finden am Tal der Verzweiflung.

Heute sage ich euch, meine Freunde, trotz der Schwierigkeiten von heute und morgen habe ich einen Traum. Es ist ein Traum, der tief verwurzelt ist im amerikanischen Traum. Ich habe einen Traum, dass eines Tages diese Nation sich erheben wird und der wahren Bedeutung ihres Credos gemäß leben wird: ›Wir halten diese Wahrheit für selbstverständlich: dass alle Menschen gleich erschaffen sind.‹

Ich habe einen Traum, dass eines Tages auf den roten Hügeln von Georgia die Söhne früherer Sklaven und die Söhne früherer Sklavenhalter miteinander am Tisch der Brüderlichkeit sitzen können. Ich habe einen Traum, dass sich eines Tages selbst der Staat Mississippi, ein Staat, der in der Hitze der Ungerechtigkeit und Unterdrückung verschmachtet, in eine Oase der Gerechtigkeit verwandelt. (…) Ich habe einen Traum, dass eines Tages jedes Tal erhöht und jeder Hügel und Berg erniedrigt wird. Die rauen Orte werden geglättet und die unebenen Orte werden begradigt. (…) Mit diesem Glauben werde ich fähig sein, aus dem Berg der Verzweiflung einen Stein der Hoffnung zu hauen. Mit diesem Glauben werden wir fähig sein, die schrillen Missklänge in unserer Nation in eine wunderbare Symphonie der Brüderlichkeit zu verwandeln.

Mit diesem Glauben werden wir fähig sein, zusammen zu arbeiten, zusammen zu beten, zusammen zu kämpfen, zusammen ins Gefängnis zu gehen, zusammen für die Freiheit aufzustehen, in dem Wissen, dass wir eines Tages frei sein werden. Das wird der Tag sein, an dem alle Kinder Gottes diesem Lied eine neue Bedeutung geben können: ›Mein Land von dir, du Land der Freiheit singe ich. Land, wo meine Väter starben, Stolz der Pilger, von allen Bergen lasst die Freiheit erschallen.‹ Soll Amerika eine große Nation werden, dann muss dies wahr werden.

Also lasst die Freiheit erschallen, (…) von jeder Erhebung lasst die Freiheit erschallen. Wenn wir Freiheit in jeder Stadt und jedem Weiler, in jedem Staat und in jeder Großstadt, erschallen lassen, dann werden wir den Anbruch des Tages beschleunigen können, an dem alle Kinder Gottes – Schwarze und Weiße, Juden und Heiden, Katholiken und Protestanten – sich die Hände reichen und die Worte des alten Negerlieds singen: ›Endlich frei! Endlich frei! Großer allmächtiger Gott, wir sind endlich frei!‹«

Diese Rede gilt als eines der wichtigsten Ereignisse der Bürgerrechtsbewegung. Auf den Filmaufnahmen der Veranstaltung (sie wird weltweit per Satellit übertragen) ist zu sehen, wie tief die Teilnehmenden emotional berührt sind. Die mobilisierende Wirkung dieser Rede erschließt sich, wenn sie vor dem Hintergrund von Walter Brueggemanns Ausführungen über den Prozess der Hoffnung verstanden wird:

Mit wenigen Sätzen gelingt es Martin Luther King, die schmerzhaften Erfahrungen der Teilnehmenden anzusprechen: ihre Erfahrungen, unterdrückt, ausgegrenzt und diskriminiert zu werden; am Rande der Gesellschaft zu stehen; ins Gefängnis gesteckt zu werden wegen gewaltfreien Protestes und, ganz aktuell, auf ihrem Weg nach Washington keine Herberge bekommen zu haben. Dies gelingt dem Redner nicht durch wissenschaftlich-akademische Sprache (er präsentiert z. B. keine wissenschaftlichen Statistiken über Arbeitslosigkeit unter den schwarzen US-Bürgern), sondern durch poetische Sprache, welche die Menschen an ihren schmerzhaften Erinnerungen berührt.

Zusätzlich geht King weit in das kollektive Gedächtnis zurück; in mehrfacher Weise. Zunächst spricht er quasi dessen oberste ›Schicht‹ an: das kollektive Gedächtnis der US-Gesellschaft, das von den Weißen geprägt wurde. King erinnert zunächst an Präsident Abraham Lincoln und dessen Proklamation der Befreiung der Sklaven, die am 1. Januar 1863 in Kraft getreten war. Demnach sollen alle Personen, die »als Sklaven gehalten werden, fortan und für immer frei sein«. Sodann erinnert King an die rechtliche Gleichstellung der Schwarzen, die durch einen Verfassungszusatz 1868 rechtswirksam geworden war.

Noch tiefer zu den Wurzeln des US-amerikanischen Gedächtnisses geht Martin Luther King zurück, wenn er aus der ersten Strophe des Lieds »My Country, Tis of Thee« zitiert: »Mein Land, von dir, du Land der Freiheit, singe ich. Land, wo meine Väter starben, Stolz der Pilger, von allen Bergen lasst die Freiheit erschallen.« Dieses Lied hatte bis 1931 die Aufgabe einer Nationalhymne der USA; der Text von Samuel Francis Smith wurde zur Melodie von »God Save the Queen« gesungen. Das Thema »lasst die Freiheit erschallen!« wird von King am Ende seiner Rede mehrfach wiederholt, wobei er die Freiheit aller Menschen betont.

An das kollektive Gedächtnis der Schwarzen rührt der Redner, wenn er von den Fesseln und Ketten spricht, mit denen sie in die Sklaverei, ins Exil, entführt wurden. Noch eine Schicht tiefergehend, verwendet der Redner Bilder, die an das christliche Erbe rühren, das der Mehrheit der schwarzen und weißen US-Bürger gemeinsam ist: Er erinnert an die vergebliche Herbergssuche von Maria und Josef; an den langen Weg der Israeliten durch die Wüste (King verwendet hier Begriffe wie »Durst«, »lange Reise«, »Hitze«, »Oase«); und an die Ankündigung des Propheten Jesaja[2] (die oben S. 27 zitiert wurde): »Ich will die Finsternis vor ihnen her zum Licht machen und das Höckerichte zur Ebene.« (Jesaja 42:16)

Zugleich ist Martin Luther Kings Ansprache von einer Reihe von Metaphern durchwoben, die eine radikale Veränderung – eine wirklich neue gesellschaftliche Wirklichkeit – ankündigen: Durch die Dunkelheit zum Licht; von unten nach oben; von der langen Nacht der Gefangenschaft zum Tagesanbruch; vom dunklen und trostlosen Tal der Rassentrennung zum hellen Weg der Gerechtigkeit; vom Treibsand rassischer Ungerechtigkeit zum festen Felsen der Brüderlichkeit; vom Tal der Verzweiflung zum hellen Tag der Gerechtigkeit.

Mit Hilfe dieser Bilder gehen der Redner – und die Zuhörenden mit ihm – symbolisch durch einen Prozess, der tiefenpsychologisch als *Transformation* bezeichnet wird: durch die Dunkelheit zum Licht, aus durchlebtem Leiden wird Leidenschaft; King spricht hier explizit von »schöpferischem Leiden«. Dieser Umwandlungsprozess ist es, der die Teilnehmenden zu energetisieren vermochte und der für den Prozess des Schöpfens von Hoffnung zentrale Bedeutung hat.

An dieser Stelle wird in Seminaren zum Thema Hoffnung oft gefragt: Wer sind denn die Propheten von heute? Auch wenn ich im weiteren Verlauf dieses Buches einige Propheten der Gegenwart vorstellen werde, halte ich diese Frage im Grunde für irrelevant: Denn es kommt nicht auf die *Person* des Propheten oder der Prophetin an, sondern auf den *Prozess* der Hoffnung oder, mit anderen Worten, der Verwandlung. Dieser soll nachfolgend näher betrachtet werden; zunächst aus psychologischer, dann aus pädagogischer Perspektive.

---

2. Ähnlich Lukas 3:5: »Alle Täler sollen voll werden, und alle Berge und Hügel erniedrigt werden; und was krumm ist, soll richtig werden, und was uneben ist, soll schlichter Weg werden.«

3. Verwandlung

Der Prozess der Transformation ist im Werk des Tiefenpsychologen Carl Gustav Jung von grundlegender Bedeutung. In seiner langjährigen psychotherapeutischen Arbeit beobachtete der Begründer der Analytischen Psychologie die erstaunliche Fähigkeit der menschlichen Psyche, leidvolle oder furchterregende Erfahrungen in etwas Positives umzuwandeln: in neue Lebendigkeit und Lebensenergie, in Aufgeschlossenheit für Neues: Hoffnung. Dieser Prozess ist grundlegend für die tiefenpsychotherapeutische Arbeit.

Auch in der Trauerforschung wurde diese Fähigkeit beobachtet: Die Ärztin und Psychiaterin Elisabeth Kübler-Ross (1980) wollte ursprünglich verstehen, wie Sterbende und ihre Angehörigen mit Sterben und Tod umgehen und wie sie dabei besser unterstützt werden können. Zu diesem Zweck führte sie Interviews mit unheilbar kranken Menschen und ihren Angehörigen und befragte sie nach ihren Gedanken und Gefühlen. Dabei zeigte sich, dass es einen natürlichen Prozess gibt, mit dem Menschen ihre Trauer verarbeiten; dieser wird als Trauerarbeit bezeichnet (Kübler-Ross 1980; Kast 1996).

Dabei lassen sich idealtypisch verschiedene Phasen unterscheiden, die jedoch nicht strikt schematisch ablaufen: Vom anfänglichen Nicht-Wahrhaben-Wollen über Zorn und Depression bis hin zu Akzeptanz und neuer Lebendigkeit. Graphisch ließe sich dieser Prozess etwa als Kurve darstellen, die zunächst nach *unten*, in dunkle, schmerzhafte Emotionen geht, an einen *Wendepunkt* kommt, um schließlich wieder nach *oben* zu führen.

Durch diesen Prozess kann für Angehörige ganz allmählich, wie eine zarte Pflanze, Heilung erwachsen. Der trauernde Mensch versteht und akzeptiert, dass das Leben sich verändert hat, weil der geliebte Mensch gestorben ist. Er oder sie erkennt, dass andere Verhaltensmöglichkeiten, Rollen,

Lebensstile und Beziehungen möglich sind; vielleicht sogar neue Bindungen, weil der Mensch erfahren hat, dass Verluste zwar schmerzhaft, aber zu ertragen sind. So birgt die Verarbeitung von Trauer *neues Leben* in sich. Der trauernde Mensch ist stärker und reifer geworden, bereit für neue Herausforderungen.

Nach Heike Schnoor (1988, 172) gewinnen Trauernde »einen neuen Blickwinkel ihrer Wirklichkeit, der wiederum zu einer Veränderung der Realität selbst führen kann.« Durch das Annehmen der Krise werden auch neue Kräfte freigesetzt, die oft »den individuellen Horizont« überschreiten und »zu gemeinschaftlich verantwortlicher Tätigkeit in solidarischer Gemeinschaft mit anderen Betroffenen führen.«

Ohne diesen Prozess der Trauerarbeit kann es keine Hoffnung geben, kein »Neues«, das diesen Namen verdient – bestenfalls oberflächlichen Optimismus. Nach Schnoor (1988, 186) ist Hoffnung »nicht auf einen positiven Affekt der Zuversicht zu reduzieren. Hoffnung schließt die Annahme und das Empfinden von Krisen auch in ihrer leidvollen Qualität mit ein. Erst die Annahme der Krise kann – den Boden der Realität bestimmend – zum Ausgangspunkt von Veränderung werden. Hoffnung setzt damit die Wahrnehmung von Leiden voraus. Insofern kommt der Zerstörung der Empfindungsfähigkeit die Zerstörung der Hoffnung gleich.«

Wie dieser Umwandlungsprozess – von der Trauer zu neuer Lebendigkeit – vor sich geht, ist ohne tiefenpsychologische Erfahrung nur schwer zu vermitteln und in akademisch-analytischen Begriffen kaum zu beschreiben, da er weitgehend im Unterbewussten, in der »Dunkelheit« der Psyche, geschieht. Umso wichtiger sind symbolische *Um*schreibungen, wie sie von Carl Gustav Jung vielfach in Träumen beobachtet wurden; ebenso in der Kunst, in alchemistischen Texten (»von Blei zu Gold«), in Religionen (z. B. in der Symbolik von Tod und Auferstehung) sowie in Mythen und Märchen:

Etwa im Symbol der »Nachtmeerfahrt« des Helden, der in der Unterwelt die »schwer zu erreichende Kostbarkeit« gewinnt. Typischerweise ist der Held oder die Heldin mit einer überlebens-notwendigen Aufgabe konfrontiert (z. B. das »Wasser des Lebens« oder einen goldenen Ring zu finden, eine verwunschene Prinzessin zu befreien usw.). Die Aufgabe erscheint zunächst so unlösbar, dass der oder die Held/-in sich entmutigt hinsetzt und weint. Daraufhin tritt unerwartet eine helfende Figur auf, deren Beistand die – oft ganz überraschende – Lösung der Aufgabe ermöglicht.

So saß etwa Odysseus »am Gestade des Meeres und weinte beständig. / Ach! In Tränen verrann sein süßes Leben, voll Sehnsucht / Heimzukehren (…) zerquälte sein Herz mit Weinen und Seufzen und Jammern / Und durchschaute mit Tränen die große Wüste des Meeres.« Durch die Trauer gewinnt Odysseus den Willen, die ewig junge, ihn zu ewiger Jugend verlockende Göttin Kalypso zu verlassen, um zur sterblichen, aber menschlichen Penelope zurückzukehren. Seine Tränen lösen einen Wandlungsprozess aus, der symbolisiert ist im Auftreten der ihm lange entschwundenen Schutzgöttin Athene und der Idee, ein Floß zu bauen, welches ihn endlich in die Heimat trägt (Marks 1993, 129).

Ein weiteres Beispiel ist das Märchen »Die drei Federn« der Gebrüder Grimm (1990, 296–299): »Es war einmal ein König, der hatte drei Söhne, davon waren zwei klug und gescheit, aber der dritte sprach nicht viel, war einfältig und hieß nur der Dummling. Als der König alt und schwach ward und an sein Ende dachte, wusste er nicht, welcher von seinen Söhnen nach ihm das Reich erben sollte. Da sprach er zu ihnen: ›Ziehet aus, und wer mir den feinsten Teppich bringt, der soll nach meinem Tod König sein.‹ Und damit es keinen Streit unter ihnen gab, führte er sie vor sein Schloss, blies drei Federn in die Luft und sprach: ›Wie die fliegen, so sollt ihr ziehen.‹ Die eine Feder flog nach Osten, die andere nach Westen, die andere flog aber geradeaus und flog nicht weit, sondern fiel bald zur Erde. Nun ging der eine Bruder rechts, der andere ging links, und sie lachten den Dummling aus, der bei der dritten Feder, da, wo sie niedergefallen war, bleiben musste.

Der Dummling setzte sich nieder und war traurig. Da bemerkte er auf einmal, dass neben der Feder eine Falltüre lag. Er hob sie in die Höhe, fand eine Treppe und stieg hinab. Dort unten begegnete er einer großen, dicken Kröte, die ihm schließlich den feinsten Teppich (später auch den schönsten Ring und die schönste Frau) schenkte. Währenddessen hatten seine Brüder über den Dummling gelacht und sich keine große Mühe mit der Suche gemacht. Daher erhielt am Ende der Dummling die Krone und hat lange in Weisheit geherrscht.«

So sind es in Märchen häufig gerade nicht die Klugen, die Überheblichen, die Lauten, die Prominenten (diejenigen, denen gegenwärtig auch die Schlagzeilen in den Medien gehören), denen die Lösung der Aufgabe gelingt. Vielmehr sind es die ruhigen, bescheidenen, langsamen und häufig verspotteten Menschen, welche die »schwer zu erreichende Kostbarkeit« gewinnen. Oder, symbolisch betrachtet, sind es die als minderwertig verachteten Aspekte unseres Selbst – die abgewehrten Emotionen –, aus denen am Ende die Rettung für das alt und schwach regierte Land erwächst: Weisheit.

Neben Mythen und Märchen gibt es darüber hinaus eine Fülle weiterer Umschreibungen des Wandlungsprozesses. So vergleicht der Narrationsforscher und Gerontologe William Randall (2007) manche Aspekte des Erinnerns mit einem Kompostierungs-Prozess: Erfahrungen und Wahrnehmungen werden, vergleichbar mit Küchenabfällen, im Gedächtnis abgelegt. Lässt man den Kompost-Haufen eine Zeitlang in Ruhe, dann verschwimmen unbemerkt, in der Dunkelheit des Komposts, allmählich die Erinnerungen zwischen einzelnen Bestandteilen bzw. Erfahrungen und verwandeln sich in Weisheit: fruchtbaren Boden für Neues.

Literarische Umschreibungen der Transformation finden sich auch bei Mystikern wie z. B. Johannes vom Kreuz (er spricht von der dunklen Nacht der Seele), bei Theologen wie Meister Eckhart (»Der Grund der Seele ist dunkel«) oder Matthew Fox (1991, 155): »Das menschliche Wachstum findet im Dunkeln statt. Im Unter-Grund. In unterirdischen, tiefen Gängen. Wo nie ein Bild den Grund der Seele erreichte, wirkt allein Gott.« Auch von Dichtern wie Rainer Maria Rilke (zit. in: Fox 1991, 174): »Du Dunkelheit, aus der ich stamme, ich liebe dich mehr als die Flamme, welche die Welt begrenzt (…). Eine große Kraft rührt sich in meiner Nachbarschaft. Ich glaube an Nächte.« Der Dichter Kenji Miyazawa spricht davon, den Schmerz aufzunehmen und ihn als Treibstoff für unsere Reise zu verbrennen. Für Matthew Fox (1991, 164) ist dies eine Umschreibung des konstruktiven Umgehens mit leidvollen Erfahrungen: »Zuerst kommt das Aufnehmen, das Zulassen des Schmerzes; dann kommt die Reise mit dem Schmerz; dann das Loslassen, ein freiwilliges Loslassen, in das Feuer, in einen Kessel, aus dem heraus die Kraft des Schmerzes uns dienen wird. Und zuletzt erhalten wir den Nutzen davon, dass wir den Treibstoff verbrannt haben.« So wird der Schmerz zu Kraft; aus Leiden wird Leidenschaft.

Tatsächlich gibt es keine soziale Bewegung, die nicht aus Leid geboren wurde. Auch im Begriff »Empörung« steckt ja das Wort »empor«, das eine Bewegung von unten nach oben beschreibt. Dieser Prozess lässt sich auch im Leben vieler sozial oder politisch engagierter Menschen zeigen. Ein Beispiel unter vielen ist der japanische Zeichner Keji Nakazawa, einer der bekanntesten Atomkraftgegner in seinem Land:

Er ist sechs Jahre alt, als das US-amerikanische Militär eine Atombombe über seiner Heimatstadt Hiroshima zündet. Der Junge sieht Menschen, die am ganzen Körper verbrannt sind; ein Mädchen mit Glassplittern im Auge; Frauen und Männer, denen die Haut herunterhängt. Aus den Trümmern seines Elternhauses zieht er den Schädel seines kleinen Bruders. 80.000 Menschen sterben sofort, weitere 60.000 in den folgenden Monaten; die weiteren Überlebenden sterben den schleichenden Tod. Die nukleare Strahlung zersetzt ihre Körper.

Nakazawa macht eine Lehre als Schildermaler, weil seine Familie kein Geld für die weiterführende Schule hat; als 22-Jähriger veröffentlicht er seine ersten Manga-Comics. Fünf Jahre später stirbt seine Mutter; er erinnert sich: »Ich war geschockt, als man mir die Asche meiner Mutter übergab. Ich war mit dem Zug ins Krematorium nach Hiroshima gefahren, um die Asche abzuholen. Normalerweise bleiben immer ein paar Knochen übrig: Schädel-, Arm- oder Beinknochen. In der Asche meiner Mutter waren keine Knochenreste. Ich vermute, die Strahlung hat ihre Knochen so aufgeweicht, dass sie sich komplett aufgelöst haben.« (zit. in Reinhardt 2011, 131).

Nakazawa rast vor Wut, auf der ganzen Zugfahrt nach Tokio kann er sich nicht beruhigen: Die Strahlung hatte ihm auch noch die letzten Reste seiner Mutter genommen. Dies wird ein prägender Augenblick in seinem Leben. Erst während dieser Zugfahrt wird ihm bewusst, dass er sich, wie auch die japanische Gesellschaft insgesamt, nie mit den Bomben auf Hiroshima und Nagasaki auseinandergesetzt hatte.

Diese Erfahrung wird zu einem Wendepunkt in seinem Leben. Er beginnt, sein eigenes Leben nachzuerleben und zu zeichnen. In Hiroshima-Mangas erzählt er die Erfahrung des jungen Gen, Alter Ego des Zeichners: Er schildert den Tag des Abwurfes, das Grauen danach und den Kampf ums Überleben. Im vierten Band mit dem Titel »Hoffnung« stirbt seine kleine Schwester, die – geboren am Tag der Bombe – nur vier Monate alt wurde. Inmitten all dieses Grauens verliert Gen nie seine Hilfsbereitschaft und den Lebensmut.

Reymer Klüver (1991, 3) berichtet von einem weiteren Beispiel: Jon Turner wächst in einem Städtchen an der US-Ostküste auf. Mit 17, noch von der Highschool aus, verpflichtet er sich zu den Marines, einer besonders harten militärischen Einheit, so wie alle seine männlichen Vorfahren seit George Washington in der US-Armee gedient hatten. Dies war in seiner Familie selbstverständlich:»Alle waren sie von Kleinkindalter an verehrte Helden. Da wollte ich auch dazugehören.« Im Januar 2005 wird seine Einheit in den Irak verlegt. Dort nimmt das Grauen Besitz von ihm:»Die Angst. Das ständige Gefühl der Bedrohung. Du hast immer Angst.«

Er riecht, hört, fühlt, ist selbst das Grauen: zerschossene Leiber am Straßenrand; der zerfetzte Leichnam seines Freundes auf der Motorhaube; er schießt auf Menschen und wird selber von einem Granatsplitter am Kiefer getroffen. Der Krieg hat ihn zum Wrack gemacht und fast umgebracht. Nach dem Tod des Freundes und gegen Ende seiner Dienstzeit kommen die Fragen in ihm hoch:»Warum sind wir hier? Es macht keinen Sinn. Was mach' ich hier?«

Zurück in den USA wird er seine Erinnerungen an das Grauen nicht mehr los. Er betrinkt sich häufig, kommt auf Entzug, nimmt zeitweise bis zu sieben verschiedene Medikamente. Er gerät in eine Achterbahn der Gefühle mit Tälern der Einsamkeit, Wahnvorstellungen und panischen Ängsten. Er geht ins Meer, um gegen die Wellen anzukämpfen und gegen den Wind anzubrüllen. Er hat sein Messer schon am Handgelenk, begeht den Suizid letztlich jedoch nicht. Um diese Zeit liest er zum ersten Mal Gedichte und lernt über einen Freund, Drew Cameron, wie man aus Stoffstreifen Papier herstellt. Jon Turner holt sogleich seinen eigenen Kampfanzug hervor und zerschneidet den Drillich mit einer Schere. Er weicht den Stoff ein, zermanscht die Uniform zu Brei und schöpft mit einem Drahtgeflecht das Papier, das ihm das Leben rettet:»Für mich war es der Beginn meines Heilungsprozesses.«

Jon Turner hat heute ein Atelier. Zu Beginn seiner schöpferischen Arbeit verbrennt er Kräuter in einer Schale, so wie es schon bei den Indianern gemacht wurde. Er zertrennt Uniformen – auch die seines Vaters, Bruders, Großonkels – und zerschneidet damit buchstäblich auch seine familiäre Tradition. Auf das selbstgeschaffene Papier schreibt er seine Gedichte; z. B. das folgende:

Du hast mich nie gelehrt zu hassen,
nur zu lieben, aber Mom,
ich habe einen Menschen getötet.
Es tut so weh, Mom. Ich muss daran
jeden Tag denken. Du hast uns großgezogen,
nicht, um Monster zu sein.
Du hast mich nie gelehrt zu hassen, Mom.

Jon Turner sagt:»Man nimmt etwas, das das Finsterste erlebt hat, was man erleben kann. Und man löst es einfach auf. Man zerlegt das Negative und macht etwas Positives daraus. Etwas, mit dem jeder was anfangen kann. Papier eben.«
Der Veteran engagiert sich gegen den Krieg. Bei einem Anti-Kriegs-Hearing 2008 zerreißt er seine Orden und wirft sie ins applaudierende Publikum.»Für euch arbeite ich nicht mehr«, ruft er seinen einstigen Dienstherren des Marine Corps zu. Turner sieht sich jedoch »nicht als Anti-Kriegs-, sondern als Friedensaktivist«, da schon das Wort »anti« etwas Negatives vermittelt; er sagt von sich:»Ich bin es leid, von Negativität umgeben zu sein.«
Inzwischen machen ein Dutzend Veteranen beim »Combat Paper Project« (www. combatpaper.org) mit. Die Künstler fahren durch die USA und laden andere Veteranen zum Mitmachen ein, auch in anderen Ländern wie z. B. dem ehemaligen Jugoslawien.»In unseren Schränken oder auf Dachböden in Kisten hausen die alten Uniformen wie Geister«, so Cameron. Die Männer verbinden damit Erinnerungen und Assoziationen an Blut, Tod, Unterordnung und Krieg; dies alles wollen sie »einfach in etwas Schönes umformen.« (zit. in: Klüver 2011, 3). Kriegsveteranen, die das Grauen, das sie erlebt haben, in etwas Positives umwandeln, gehören für den Militär-Seelsorger William Mahedy (1986) zu den Propheten der Gegenwart.

4. Leidenschaft

Der Begriff der Trauerarbeit hat in den vergangenen Jahrzehnten zunehmend Akzeptanz in unserer Gesellschaft gefunden. Es gibt zahlreiche Seminare, Kurse und Weiterbildungen, in denen die Teilnehmenden lernen, eigene Trauer zu verarbeiten sowie sterbende Menschen und deren Angehörigen darin zu begleiten. In einer wachsenden Zahl von Einrichtungen (z. B. in Hospizen, Palliativmedizin und -pflege) ist Trauerbegleitung zu einer Selbstverständlichkeit geworden. Ganz anders sieht es jedoch aus, was den Umgang unserer Gesellschaft mit anderen schmerzhaften Emotionen betrifft.

Die Schmerzen über die Welt

Schmerzhafte Emotionen treten ja nicht nur beim Tod eines nahestehenden Menschen auf, sondern auch dann, wenn wir erschütternde Nachrichten von der Welt sehen, hören oder lesen. Um nur einige zu nennen:

- Angst vor der Zukunft und Sorge um das Leben unserer Kinder und Enkel: Denn wenn nicht sehr bald entschieden gegengesteuert wird, hinterlassen wir ihnen Berge von Schulden, Müll und radioaktiven Abfällen, ein zerstörtes Weltklima sowie vergiftete Beziehungen zwischen den Ethnien.
- Wut über die Ignoranz und Unfähigkeit vieler Politiker und Meinungsführer, die scheinbar ungerührt »weiter so wie bisher« praktizieren.
- Abscheu und Empörung über die Rücksichtslosigkeit und Gier vieler Banker und Wirtschaftsmanager.
- Ohnmacht und Verzweiflung angesichts der Komplexität und des Umfangs der Veränderungen, die notwendig sind,

um die Not vielleicht noch zu wenden. Hinzu kommt Hilflosigkeit angesichts der eigenen beschränkten Kräfte und Möglichkeiten.
- Verunsicherung und Misstrauen angesichts der Gifte in Nahrung, Luft, Trinkwasser und sogar Muttermilch.
- Trauer über den unwiederbringlichen Verlust der Pflanzen- und Tierarten, die Tag für Tag aussterben oder ausgerottet werden.
- Mitgefühl und Entsetzen, wenn wir die Augen eines hungernden Kindes oder Bilder von toten Flüchtlingen sehen, die während ihres Fluchtversuchs in die »Festung Europa« ertrunken sind.
- Scham und Schuldgefühle angesichts unserer Beteiligung an der Zerstörung von Mitmenschen und der Mit-Schöpfung: Als Nutznießer einer ungerechten Weltwirtschaft, welche die selbsternannte »Erste Welt« auf Kosten der sogenannten »Dritten« übervorteilt.

Solche Gefühle sind unvermeidbar. Sie sind natürliche Reaktionen auf eine Welt, die in einem katastrophalen Zustand ist. Diese »Schmerzen über die Welt«, wie Joanna Macy und Molly Brown (2003, 37) dies nennen, sind Alarmsignale. Sie signalisieren, dass es dringend notwendig ist, etwas zu verändern.

Die Schwierigkeit besteht nun darin, dass wir, die Bewohner der wohlhabenden Länder der sogenannten »Ersten Welt«, mehr oder weniger darin eingeübt sind, diese Alarmsignale zu ignorieren und zu verdrängen. Mit der Folge, dass mehr und immer mehr Energie für deren Verdrängung aufgewendet wird: Energie, die uns dann fehlt, uns für Lösungen einzusetzen. So werden wir apathisch; dieses Wort stammt vom griechischen »a pathos«: ohne Pathos, ohne Leidenschaft, teilnahmslos.

Robert Lifton beschreibt unsere Reaktionen auf den Zustand der Welt als seelische Betäubung, die auf individueller wie auch kollektiver Ebene am Werk ist. Diese Betäubung geschieht weniger durch Medikamente, denn »es gibt keine Pillen, Kapseln oder Tabletten gegen den Schmerz, den wir angesichts des Zustands unserer Welt empfinden.« (Macy / Brown 2003, 38). Sie geschieht vorwiegend dadurch, dass der Schmerz verleugnet oder verdrängt wird. Dies bewirkt Entfremdung und Vereinzelung, mit der Konsequenz, dass wir eine Art Doppelleben führen. Macy und Brown (2003, 45) schreiben: »Oberflächlich leben wir unser normales Alltagsleben, doch darunter wächst das Gefühl drohenden Unheils«, das jedoch abgespalten wird. Indem wir unsere tiefsten Sorgen nicht anerkennen, schneiden wir uns von den inneren Quellen unserer Kreativität ab. Wir isolieren uns auch von den Mitmenschen, wenn wir unsere tiefsten Sorgen nicht mit ihnen teilen: unsere Beziehungen werden oberflächlich. Der Theologe Harvey Cox spricht von einem gesellschaftlichen Tabu, den Zustand der Welt laut hinauszuschreien. Solange die Menschen dieses Tabu akzeptieren, »distanzieren sie sich voneinander, so wie dies Familien und Freunde von Todkranken tun.« (zit. in Macy / Brown 2003, 46).

Häufig »merken« wir Erwachsene unsere Emotionen über die Welt gar nicht mehr, weil wir darin eingeübt sind, sie zu übergehen. Viele Menschen in armen Ländern können dies jedoch nicht. So sagte einmal die nicaraguanische Schriftstellerin Gioconda Belli angesichts der verbreiteten Hoffnungslosigkeit, die ihr in Deutschland begegnete, dass sich diese Art von Luxus in ihrem Land niemand leisten könne (Sölle 1993, 34).

Anstatt zu »merken«, verharren hierzulande viele Menschen in einer optimistischen Haltung des Nicht-Wahrhaben-Wollens: »Es wird schon nicht passieren.« Stattdessen konzentrieren sie ihre Kräfte auf die Bewahrung eines *privaten* Glücks – unter Ausblendung der *globalen* Katastrophen. Tatsächlich ist Optimismus überproportional vertreten unter Erfindern, Politikern und Unternehmern; der Psychologe Daniel Kahnemann nennt ihn den »Motor des Kapitalismus« (zit. in Dworschak 2012, 118). Diese Trennung zwischen privat und global erklärt die Ergebnisse einer Befragung durch die Universität Hohenheim von Ende 2011: Demnach sehen 63 Prozent der befragten Bundesbürger ihrer *persönlichen* Situation im kommenden Jahr zuversichtlich entgegen, während dies nur 28 Prozent in Bezug auf die *Gesamtsituation* in Deutschland tun (Dworschak 2012).

Viele Menschen »merken« die Angst oder den Zorn angesichts der globalen Katastrophen, bleiben aber sozusagen darin stecken und werden zynisch oder pessimistisch. Beide Haltungen, Optimismus wie Pessimismus, gehören zur Überfluss-Ökonomie und werden durch Werbung und Medien gefördert. Sie baut auf das Bedürfnis von Menschen, schmerzhafte Emotionen durch Konsum »wegzumachen«. Kino, Aktiv-Urlaub, Shopping und vieles mehr verspricht – zumindest auf den ersten Blick – mehr Spaß als die Auseinandersetzung mit bedrohlichen Nachrichten. Damit wird allerdings die »Immer-mehr«-Mentalität der Überfluss-Ökonomie, die ja der globalen Krise gerade zugrunde liegt, immer noch mehr angeheizt – ein fataler Teufelskreis.

Schmerzen haben im Grunde die wichtige Aufgabe, uns auf Krankheiten aufmerksam zu machen und uns zu warnen, z. B. wenn wir uns überfordern. Der Schmerz ist, so die Philosophin Svenja Flaßpöhler (2011, 40) »der Wächter über unsere Gesundheit, ein Schutzpatron, der (…) die Grenzen zieht: Bis hierher und nicht weiter!«

In der westlichen Welt wurde der Schmerz jedoch über Jahrhunderte politisch (z. B. Folter) und spirituell missbraucht: Durch eine asketische Interpretation des Christentums wurde er zum Selbstzweck überhöht und verherrlicht – anzuschauen in den unzähligen Darstellungen gefolterter Heiliger in katholischen Kirchen.

Im Gegensatz dazu erzieht die Moderne die Menschen zunehmend dazu, Schmerzen nicht als Warnsignal zu betrachten, sondern als Störung, die durch Medikamente zu eliminieren ist. Die Abschaffung des Schmerzes wurde nicht zuletzt durch die Fortschritte in der Entwicklung von Schmerzmitteln in die Wege geleitet. Dies hat zur Folge, dass Menschen immer weniger bereit sind, Schmerz anzunehmen; er wird vielmehr als »unnötiges und unfruchtbares Residuum betrachtet, das der Fortschritt beseitigen muss, ein furchtbarer Anachronismus, der zu verschwinden hat«, so der Soziologe Le Breton (2003, 191).

Mit der Abschaffung des Schmerzes verliert der Mensch jedoch das Bewusstsein für seine Grenzen. Denn der Schmerz, so der Philosoph Volker Caysa (2006, 298), zeigt »die Würde des Körpers«; er signalisiert, wenn wir beginnen, uns zu überfordern, vielleicht sogar zu zerstören. Nur wer den Schmerz ernst nimmt, nimmt sich selbst ernst – und seine Mitmenschen:

Denn nur weil wir Menschen wissen, wie eine Verletzung schmerzt, können wir auch das Leid anderer Menschen empathisch mitfühlen, wahrnehmen und zu vermindern suchen. Wir handeln ja moralisch nicht nur aufgrund abstrakter, theoretischer Einsichten (aus »Pflicht«, wie Immanuel Kant schrieb), sondern auch, weil wir ein Leid, auch wenn es nicht das eigene ist, dennoch mitempfinden können, als sei es das eigene. Dies wird durch die neurobiologischer Erforschung der Spiegelneuronen bestätigt, wie Joachim Bauer (2005) in seinem Buch »Warum ich fühle, was du fühlst« beschreibt.

Ein Mensch aber, dem Schmerzen fremd sind, wird »sich selbst immer der Nächste bleiben« (Flaßpöhler 2011, 41); er wird mitleidlos, da ihm auch der Schmerz des Anderen fremd bleibt. Er kann die Welt nur gedämpft erleben, wie in Watte eingehüllt. Und doch wird der Schmerz – ausgerechnet in einer Zeit, die sich seiner Ausrottung verschrieben hat – an anderen Stellen umso mehr künstlich erzeugt: Daher die Zunahme von Selbstverletzungen (z. B. durch Ritzen), von riskantem Verhalten (z. B. im Sport, beim Motorradfahren, im Drogenkonsum) oder, medial inszeniert, von Action-Filmen und Horror-Literatur. Dies erscheint mir eine Art der Verschiebung zu sein: der real existierende Horror (aktuell: von Fukushima, Irak, Afghanistan, um nur einige Beispiele zu nennen) wird durch andere Horror-Welten ersetzt, die künstlich sind und daher politisch folgenlos bleiben. Gewiss haben die geschauspielerten Tode im Film *Titanic* weit mehr Kino-Besucher zu Tränen gerührt als die realen Hunderte von Menschen, die bei ihren Versuchen, in die »Festung Europa« zu fliehen, ertrinken; dies geschieht heute.

Viele Menschen verdrängen die Emotionen über die Welt, weil sie befürchten, davon überwältigt und gelähmt zu werden, sodass wir den Alltag nicht mehr bewältigen können. Oder wir fürchten uns davor, als schwach zu gelten und beschämt zu werden, wenn wir unsere Ängste und Sorgen zum Ausdruck bringen. Schließlich wird vom Einzelnen erwartet, immerzu stark, gut gelaunt, aktiv, dynamisch, erfolgreich, jung, unternehmungslustig und gesund zu sein. In diesem herrschenden Klima des Optimismus haben »negative« Gefühle wie Angst, Ohnmacht oder Verzweiflung keine Daseinsberechtigung. Dies gilt traditionell vor allem für Männer, die befürchten müssen, als »schwach«, »unzuverlässig« oder »emotional nicht belastbar« zu gelten. Aber auch viele Frauen halten ihre Sorgen über die Welt zurück, um nicht herablassende Kommentare wie »typisch Frau« zu ernten (Macy / Brown 2001, 41).

Eine weitere Ursache dafür, unsere Emotionen über die Welt zu verbergen, dürfte darin liegen, dass Gefühle traditionell als »Privatsache« betrachtet werden. Bedingt durch unsere Geschichte, wurde in Deutschland die Privatsphäre zu dem Ort für das Emotionale – auch für Gefühle, die politisch bedeutsam sind. So heißt es z. B. in einem Text von 1940 von Ulrich Christoffel (1940, 111), dass »der Mensch, um ganz innerlich zu sein und die Kräfte des Innerlichen für sich fruchtbar zu machen, in sich selbst versinken müsse wie in ein Meer, und dass nur aus der äußerlichen Abwendung von den Dingen die innere Tiefe aufklingen könne. Halte dich abgeschieden von allen Menschen, bleibe ungetrübt von allen aufgenommenen Eindrücken.«

Diese Tendenz zur »deutschen Innerlichkeit« wurde vielfach kritisiert; so etwa 1933 von Thomas Mann als Flucht des deutschen Bürgertums »von der Revolution zur Enttäuschung, zum Pessimismus und einer resignierten, machtgeschützten Innerlichkeit.« (zit. in: Innerlichkeit 2011). Tatsächlich war es hierzulande über Jahrhunderte lebensgefährlich, seine politischen Emotionen und Gedanken öffentlich zu zeigen. Heute jedoch ist es überlebensnotwendig geworden, diese Verhaltensweise, Relikt unserer Geschichte, zu verändern.

Denn unsere Emotionen über die Welt zu privatisieren, bedeutet, uns heillos zu überfordern. Kein Mensch kann alle Schmerzen über die Welt allein mit sich ausmachen, ohne auf Dauer daran seelisch kaputt zu gehen: Etwa durch eine pessimistische oder zynische Lebenshaltung, die häufig die Folge einer emotionalen Überforderung eines Menschen ist (Marcuse 1953, 188) – mit der Folge, dass das eigene Leben oder das der Mitmenschen vergiftet wird. Oder durch andere seelische oder psychosoziale Störungen, die gerade in den Industrienationen ständig zunehmen: So hat sich z. B. seit Mitte der 1990er-Jahre die Zahl der psychischen Erkrankungen verdoppelt (Dettmer/Tietz 2011, 58). Am häufigsten sind Depressionen, Angststörungen, psychosomatische Erkrankungen und Suchterkrankungen. Auch unter Kindern und Jugendlichen nehmen psychische Erkrankungen und Verhaltensprobleme immer mehr zu.

Daher betone ich: Die Sorgen, Ängste, Wut, Abscheu, Empörung, Ohnmacht, Trauer, Scham sowie das Mitgefühl und Entsetzen angesichts der Negativ-Meldungen über die Welt: Diese Emotionen sind *nicht privat*! Sie haben ihre Ursache in einer gewalttätigen, ungerechten und ökologisch-gefährdeten Welt – und sie gehören genau dorthin zurück. Sie sind keine Privatangelegenheit, sondern sozial bedeutsam, weil nur aus ihnen die Kraft zur Veränderung erwachsen kann.

Eine falsche Privatisierung von gesellschaftlich bedeutsamen Emotionen wird auch dadurch gefördert, dass unsere Wissenssysteme so aufgebaut sind, als ob Psyche und Gesellschaft getrennte Sphären seien. Auch an den Universitäten sind die Fächer Psychologie und Soziologie, Politik, Geschichte voneinander getrennt. Diese Trennung hat etwa zur Folge, dass heute auf der einen Seite zwar Trauer über den Tod eines geliebten Menschen durchaus akzeptiert wird, aber auf der anderen Seite der Zustand der Welt als etwas betrachtet wird, was keinerlei emotionale Bedeutung habe.

So bemühen sich z. B. Nachrichten-Sprecher um ein korrektes, seriöses Auftreten. Dem langjährigen Sprecher der Tagesschau, Karl-Heinz Köpcke (»Mr. Tagesschau«) wird die Äußerung zugeschrieben, dass er selbstverständlich auch die Nachricht über den bevorstehenden Weltuntergang in ruhigem, nüchternem Ton ansagen würde. Auch in der historischen und politischen Bildung spielen Emotionen nur eine untergeordnete Rolle. Es wird in der Regel so getan, als seien Krieg, Hunger, Massen-Vergewaltigungen, Artensterben, Folter, Ausbeutung und millionenfache Morde sachliche Ereignisse, die als emotionslose Informationen vermittelt und gepaukt werden könnten. So wird schon durch den Geschichts- und Gemeinschaftskunde-Unterricht eine Abspaltung der gesellschaftlich bedeutsamen Gefühle erzeugt.

Was tun?

Der erste Schritt zur Hoffnung besteht darin, unseren Umgang mit den Nachrichten, die tagtäglich durch Fernsehen, Radio, Zeitung, Internet und andere Medien an uns herangetragen werden, zu verändern.

Die Menschheit verfügt heute über mehr Informationen als jemals zuvor in ihrer ganzen Geschichte. Reporter, TV-Kameras und Internet-Blogger sind live dabei, wenn Menschen verhungern, ertrinken oder getötet werden. Aber mit diesen Informationen stimmt etwas nicht, so Dorothee Sölle (1993, 35): Dieser Art von Wahrheit fehlt »das, was Wahrheit nach dem Johannesevangelium mit uns tut: Sie macht nicht frei.« All dieses »in unserer Welt aufgehäufte ökonomische und ökologische Wissen riecht nach Tod.« (Sölle 2009, 251)

Die Informationsgesellschaft basiert auf dem Versprechen: »Je mehr Information, desto größer die Vorhersehbarkeit. Glück ist so eine Frage der Planung und des Know-how.« (Haimerl 2006). Diese Formel stimmt heute nicht mehr. Neil Postman (1992, 62) konstatiert: »Wir informieren uns zu Tode.« Die Zeiten, da Informationen den Menschen dabei halfen, ihre dringenden Probleme zu lösen, sind längst vorbei. Wir werden von Informationen geradezu überschwemmt und wissen nicht mehr, was wir mit ihnen tun sollen; »die Verbindung zwischen Information und Handeln ist gekappt.« Zwar glauben die meisten Menschen immer noch, dass mehr Informationen zur Lösung von Problemen beitragen könnten. Dabei beruhen die ernsten Probleme der Menschheit gewiss nicht auf Informationsmangel: Wenn es z. B. »zu einer Nuklearkatastrophe kommt, dann nicht wegen unzulänglicher Informationen.«

Die Informationsschwemme verstärkt das Gefühl von Ohnmacht und führt zu einem gesteigerten Interesse an der eigenen Person; sie lenkt unsere Aufmerksamkeit ab und verzehrt die Kräfte, die wir für eine gelingende Zukunft einsetzen könnten (Postman 1992, 62).

Al Gore (1992) macht in seinem Buch *Wege zum Gleichgewicht* die wichtige Unterscheidung zwischen Information, Wissen und Weisheit: »Wenn wir etwas nicht wissen, machen wir uns sofort daran, mehr und mehr Informationen zu erzeugen, ohne anscheinend zu bemerken, dass sie zwar wertvoll sein mögen, aber kein Ersatz für Wissen sind – geschweige denn für Weisheit. Durch die Erzeugung von Daten in viel größeren Mengen als jemals zuvor haben wir angefangen, störend in den Prozess einzugreifen, durch den Information schließlich zu Wissen wird. Lässt man diesem Prozess freien Lauf, dann ähnelt er der Gärung: Information wird zuerst zu Wissen fermentiert, welches dann – manchmal – zu Weisheit destilliert.« (Gore 1992, 201)

Unser Zeitalter bezeichnet sich stolz als »Informationsgesellschaft«; tatsächlich sind die Fortschritte der Nachrichtentechnologie erstaunlich. Dringend notwendig wäre es jedoch, auch Wissens- und Weisheits-Gesellschaft zu sein – gerade angesichts der ungeheuren technischen Mittel zur Zerstörung, über die die Menschheit heute verfügt. Fatalerweise scheinen wir uns jedoch immer mehr von Wissen und Weisheit zu entfernen. Denn heute, so schreibt Al Gore weiter, »wird jeden Tag so viel mehr an Informationen gesammelt, dass der langsame Prozess, durch den sie in Wissen umgewandelt werden, von einer Lawine neuer Daten zugeschüttet wird.« (Gore 1992, 201)

Wissen und Weisheit wird zunehmend auch schon in Schulen und Hochschulen verhindert. Immer mehr »Stoff« wird in die Unterrichtsstunden gepresst, mit der Folge, dass immer weniger Zeit für das Wesentliche bleibt: für die *Verarbeitung* der Informationen. Diese erfordert Wiederholungen, Pausen und Muße. Tatsächlich kommt das Wort Schule vom griechischen Wort für Muße und Innehalten (»schola«); davon ist die Wirklichkeit in vielen Klassenzimmern weit entfernt. Der Irrtum dieser Entwicklung ist in der falschen Annahme begründet, Lernprozesse könnten – wie eine Maschine – beliebig beschleunigt werden. Doch Lernen ist immer ein individueller Prozess, der seine je *eigene Zeit* benötigt. Von jemandem also zu verlangen, schneller zu lernen, ist so unsinnig, wie an einer Pflanze zu zerren, damit sie schneller wachse (Geißler 1992, 167).

Diese Einsicht ist bedeutsam in Bezug auf die Verarbeitung der Nachrichten, die tagtäglich auf uns einströmen: Die Gärungszeit, die Information benötigt, ist zum Beispiel bei Nachrichtensendungen nicht gegeben, wenn im Takt weniger Sekunden oder Minuten von einem Kriegsschauplatz zur nächsten Katastrophenmeldung zur folgenden Nachricht usw.

gesprungen wird. Dies hat zur Folge, dass die Informationen bloße Informationen bleiben; ihre Verwandlung in Wissen und Weisheit kann nicht stattfinden.

Meine These ist, dass es nicht primär darauf ankommt, *quantitativ* und *kognitiv* möglichst umfassend über die Weltprobleme informiert zu sein. Wesentlich ist vielmehr die *Qualität* unseres Umgehens mit diesen Informationen: Wesentlich ist der Prozess, den Al Gore mit einer Gärung vergleicht. Dies benötigt erstens Zeit und zweitens andere Formen der Vermittlung und Verarbeitung von Informationen.

Zeit

Der Gehirnforscher Dilip Jeste suchte nach den Gehirnarealen, die für Weisheit zuständig sind. Er hält den präfrontalen Kortex für wesentlich; dort sind Einfühlungsvermögen, Mitleid und Toleranz beheimatet. Dieser Teil des menschlichen Gehirns entwickelte sich zuletzt und arbeitet deutlich langsamer als das Stammhirn. So benötigt der Mensch etwa sechs bis acht Sekunden, um sozial berührende Eindrücke zu verarbeiten – wesentlich länger als das Stammhirn mit seinen schnellen, instinktiven Reaktionen.»Das heißt, schlimme Nachrichten, die in rasanter Folge auf uns einprasseln, erreichen nicht jenen Bereich des Gehirns, in dem Mitgefühl entsteht« (Braun 2010, 16). Um ethisch nicht abzustumpfen sollten wir uns daher, so die Schlussfolgerung von Gehirnforschern wie Dilip Jeste und Antonio Damasio, regelmäßig vom »medialen Trommelfeuer« zurückziehen. Wir müssen den Umgang mit bedrängenden Nachrichten über die Welt verlangsamen.

Dies empfiehlt sich besonders für uns Deutschen. Denn aufgrund unserer traumatischen Geschichte stehen wir in Gefahr, auf Katastrophenmeldungen in besonders heftiger Weise zu reagieren, wie die Trauma-Therapeutin Luise Reddemann im Rahmen der IGT-Tagung »Übergänge – Krisen – Visionen«

2010 äußerte. Ein Beispiel ist der Wechsel zum Jahr 2000, der in vielen Bürgern Katastrophenängste weckte.

Nachrichten sind immer auch »gemacht«. Sie sind eine Ware, die auf ihre emotionalen Wirkungen hin ausgewählt und medial inszeniert werden. Etwa durch emotionalisierende Hintergrundmusik, z. B. düstere, bedrohliche Töne (Marks 2011c). Daher ist es hilfreich, Medienberichte kritisch zu hinterfragen und zwischen wichtigen und unwichtigen Informationen zu unterscheiden. Denn »sich achtlos alles ›hineinziehen‹, was die Medien uns glauben machen wollen und an katastrophalen Sensationsbildern liefern« – dies kann, so Brigitte Romankiewicz (2010, 20) niederdrücken und mutlos machen.

Nichtsdestotrotz gibt es jedoch Nachrichten, die unvermeidbar mit heftigen Emotionen verknüpft sind. Für diese Nachrichten benötigen wir andere Formen der Verarbeitung.

Über den Umgang mit schmerzhaften Nachrichten

Wer einmal Gärungsprozesse beobachtet hat, der wird sich an den unappetitlichen Anblick und die unangenehmen Gerüche gewiss erinnern: Es stinkt. Ähnlich ist es mit der Verarbeitung der Negativmeldungen aus aller Welt: Dies sind eben nicht einfach nur Informationen, die (wie auf einer Computer-Festplatte) neutral als Bits gespeichert werden. Häufig wird ja das menschliche Gehirn mit einem Computer verglichen (Randall 2007); nie war dieser Vergleich irreführender als in Bezug auf das Thema Hoffnung.

Tatsächlich sind die täglichen Krisenmeldungen mit unangenehmen, quälenden Emotionen verbunden, wie schon erwähnt wurde: mit Mitgefühl, Entsetzen, Wut, Angst, Trauer, Verzweiflung, Hilflosigkeit, Schuld, Scham und vielem mehr. Wer kennt nicht die Erfahrung, Fernseh-Nachrichten zu sehen und dabei vor Empörung aus der Haut fahren zu wollen? »Diese Politik macht mich ganz krank!« möchten wir ausrufen, oder: »Das kotzt mich an!« Solche Reaktionen zeigen, dass hier heftige und »unappetitliche« Emotionen angerührt wurden. Diese werden jedoch häufig durch eine nachfolgende Nachricht, einen Fernsehfilm oder durch Anforderungen des Alltags wieder weggedrückt. Dadurch wird jedoch die Einheit von Bewusstsein und Handeln auseinandergerissen; dies hat Konsequenzen (dazu später mehr auf Seite 104).

Ein hoffnungsvoller Umgang mit Nachrichten setzt voraus, dass die damit verbunden Emotionen nicht unterdrückt, sondern – zumindest punktuell – angenommen und bewusst gemacht werden. Dieser Prozess ist vergleichbar mit der Trauerarbeit. Im Unterschied zu dieser bezieht er sich jedoch nicht auf den Schmerz über den Tod einer geliebten Einzelperson, sondern auf den Schmerz über die Welt. Die Tiefenökologin Joanna Macy hat hierzu eine Pädagogik entwickelt und in einer großen Zahl von Seminaren und Workshops in allen Teilen der Welt durchgeführt. Bei dieser »Verzweiflungsarbeit« (ich ziehe die Bezeichnung »Hoffnungsarbeit« vor) geht es im Kern darum, »einander zu helfen, diese oft furchterweckenden Informationen auch auf der Gefühlsebene zu verarbeiten«, so Macy (1988, 10).

Nachfolgend möchte ich den Grundgedanken dieser Arbeit an einem Beispiel illustrieren.[3] Die folgende Übung wurde Mitte der 1980er-Jahre, während des atomaren Wettrüstens der beiden Supermächte, von Friedensaktivisten entwickelt. Sie veranschaulicht das Ausmaß der Zerstörungskräfte, die in den Atomwaffenarsenalen bereitstehen. Dabei sind die Vernichtungspotentiale von konventionellen, biologischen und chemischen Waffen noch nicht berücksichtigt; insofern stellt das hier vorgestellte Beispiel eine starke Verharmlosung der Hochrüstungs-Problematik dar. Die nachfolgend genannten Zahlen beruhen auf einer Aktualisierung durch die IPPNW von 2005.

3. Weitere Übungen und eine Anleitung sind in Macy 1988; Macy / Brown 2003 und Preuss 1991 zu finden.

Die Übung setzt an der grundlegenden Frage an: Durch welche Medien bzw. Sinnesorgane werden Informationen über den Zustand der Welt (hier: Beispiel Atomwaffen) vermittelt bzw. verarbeitet und welches sind jeweils deren Auswirkungen? Drei verschiedene Formen der Vermittlungen seien nachfolgend vorgestellt:

Version eins, Zahlen: Die Atomwaffenarsenale weltweit haben gegenwärtig eine Zerstörungskraft von etwa 7.500 Megatonnen TNT.[4] Zum Vergleich: Die gesamte Zerstörungskraft des Zweiten Weltkriegs entspricht schätzungsweise 3 Megatonnen TNT; dabei starben insgesamt ca. 55 Millionen Menschen. Auf jeden Menschen kommt heute somit etwa eine Tonne TNT; 200 Gramm reichen aus, einen Menschen zu töten. 300 Megatonnen würden ausreichen, alle mittleren und großen Städte der Welt zu vernichten.

Version zwei, eine Graphik, in der diese Zahlenangaben visualisiert sind:

---

4. Die Zerstörungskraft von Explosions-Munition wird üblicherweise in TNT, nach dem Sprengstoff Trinitrotuluol, angegeben.

Der Punkt in der Mitte steht für die Zerstörungskraft des gesamten Zweiten Weltkrieges, einschließlich der Bomben auf Hiroshima und Nagasaki. Das Vernichtungspotenzial von zwei Quadraten würde ausreichen, um alle mittelgroßen und großen Städte der Welt auszulöschen. Alle Punkte zusammen stellen die Zerstörungskraft aller gegenwärtig verfügbaren Atomwaffen dar.

Nun zur dritten Version, einer Hör-Übung: Da dies ein Lese-Buch und kein Hör-Buch ist, kann ich Ihnen die Übung leider nur schriftlich schildern; dennoch hoffe ich, dass Sie beim Lesen wenigstens eine kleine Vorstellung gewinnen können. Noch besser wäre es allerdings, wenn Sie diese Übung selber erleben könnten. Stellvertretend möchte ich Ihnen schildern, wie die Übung von einer Workshop-Teilnehmerin, Christiane T., erlebt wurde:

»Der Workshop beginnt mit Kennenlern-Übungen, durch die ein vertrautes Klima in der Gruppe entsteht. Am zweiten Tag trägt uns Elvira, die Leiterin des Workshops, zunächst die Zahlen über die Atomwaffen vor und zeigt uns eine Folie, auf der diese Zahlen mit Punkten und Quadraten veranschaulicht sind. Anschließend bittet sie uns, uns bequem hinzusetzen, einige Male tief ein- und auszuatmen und die Augen zu schließen. Nach einigen Augenblicken sagt sie: ›Ich werde euch jetzt das Ausmaß der nuklearen Zerstörungskräfte durch drei Geräusche veranschaulichen. Zunächst werde ich die Zerstörungskraft des Zweiten Weltkrieges durch ein Geräusch symbolisieren: ein Metallkügelchen, das ich in einen Metalleimer fallen lasse.‹

Stille. Dann ein kurzes, metallisches Geräusch, das in der Stille wie eine kleine Explosion wirkt. Elvira kommentiert: ›Dieses Geräusch steht für die Zerstörungskraft des gesamten Zweiten Weltkriegs. Dabei starben schätzungsweise 55 Millionen Menschen. Erinnert Euch an Bilder von diesem Krieg: von den Schlachtfeldern in Europa, in Afrika, in Asien und im Pazifik, Stalingrad, Dresden, Hiroshima ... Die ganze Zerstörungskraft dieses Krieges ist in diesem einen Geräusch dargestellt, das ich jetzt noch einmal wiederhole.‹ Kurz danach wird die Stille nochmals durch das scharfe Geräusch eines Kügelchens durchschnitten.

Nach einer kurzen Pause fährt Elvira fort: ›Das folgende Geräusch steht für die Explosivkraft, die ausreichen könnte, alle mittleren und großen Städte der Welt zu vernichten. Wenn so viel Atombomben explodieren, würden alle diese Städte zerstört werden.‹ Eine Salve von metallischen Geräuschen schreckt uns auf, als die Workshopleiterin etliche Kügelchen in den Eimer fallen lässt.

Nach einer weiteren kurzen Pause erläutert sie: ›Das folgende und letzte Geräusch symbolisiert die Zerstörungskraft, die heute in den Atomwaffenlagern aufgehäuft sind. So viel atomare Zerstörungskraft steht heute bereit.‹ Daraufhin beginnt ein wahres Trommelfeuer, als eine – wie es scheint – nicht enden wollende Zahl von Metallkügelchen in den Eimer fällt.

Anfangs sehe ich vor meinem inneren Auge Bilder von leichenübersäten Schlachtfeldern in Russland, von den Feuerstürmen von Dresden, von Hiroshima … Meine Hände zittern, ich schwitze, während der schwere Regen von Metallkugeln weiter und immer weitergeht. Dann werde ich von Schrecken und Entsetzen überwältigt, es ist jenseits des Vorstellbaren. Ich möchte rufen: ›Hör auf! Hör doch endlich auf! Das ist doch Wahnsinn! Es muss aufhören!‹ – Ist es nun endlich vorüber? Nein, es war nur eine kleine Unregelmäßigkeit in Elviras Gießbewegung. Die grauenhafte, entsetzliche metallische Lawine geht weiter und weiter und weiter. Tränen laufen mir über das Gesicht, mein Herz hämmert …

Dann ist es vorbei, endlich. Der Raum ist von einer Stille erfüllt, wie ich sie noch nie erlebt habe. Leise höre ich das Weinen anderer Teilnehmenden. Stille. Schweigen.

Nach einiger Zeit kommt mir ein Gedicht von Juan Ramon Jiménez in den Sinn:

*Ich habe das Gefühl, dass mein Boot
dort unten in der Tiefe
gegen etwas Großes gestoßen ist.
Und nichts geschieht!
Nichts ... Schweigen ... Wellen ...
– Nichts geschieht? Oder ist alles geschehen,
und wir stehen schon im neuen Leben?* [5]

Später lädt Elvira die Teilnehmenden ein, ihre Empfindungen und Gedanken während der Hör-Übung mitzuteilen. Im weiteren Verlauf des Workshops wird sie uns dazu anregen, unsere Gefühle auf einem großen gemeinsamen Bild zu malen.«[6]

Soweit die Schilderung einer Hör-Übung, Teil eines Workshop, wie sie von einer Teilnehmerin erlebt wurde. Auch wenn Sie diese Hör-Übung nicht selbst gehört haben, konnten Sie hoffentlich einen Eindruck davon gewinnen. Für Teilnehmende ist der Unterschied gewaltig. Vor allem zwischen den ersten beiden Versionen (Zahlen und Graphik) einerseits und der dritten Version (Hör-Übung) andererseits. Dieser Unterschied ist für den Prozess der Hoffnung von grundlegender Bedeutung.

Tatsächlich liegt allen drei Versionen dieselbe Information zugrunde, die jedoch durch verschiedene Medien bzw. Sinnesorgane vermittelt wird und folglich verschiedene Gehirnregionen und -prozesse involviert: Die Graphik (Version zwei) wird durch die Augen aufgenommen und von den Gehirnregionen verarbeitet, die für visuelle Sinneseindrücke zuständig sind. Damit wird primär die *Kognition* der Teilnehmenden aktiviert. Ebenso bei den Zahlen (Version eins), auch wenn diese vorge-

---

5. Jiménez (1977, 83); für die Überarbeitung der Übersetzung danke ich Ilse Schimpf-Herken.
6. Im zweiten und dritten Teil der Übung wurden 100 bzw. 2.500 Kügelchen geschüttet.

lesen werden: auch hier werden vor allem die kognitiven Gehirnregionen aktiviert, wie z. B. im Mathematik-Unterricht.

Ganz anders ist es mit der Hör-Übung (Version drei): Das Gehör ist das Sinnesorgan, das, anders als die Augen, unmittelbar mit den Gehirnregionen verbunden ist, die für Gefühle zuständig sind. »Die Seele hängt am Ohr«, so der Akustik-Mediziner Gerald Fleischer (1990, 9). Während der Augen-Sinn eher für die *kognitiven* Anteile einer Information steht, ist das Gehör von wesentlicher Bedeutung in Bezug auf deren *emotionale* Bedeutung (Kaplan-Solms / Solms 2003, 246). Dieser Unterschied ist von großer Bedeutung für die Art und Weise, wie das menschliche Gehirn die Nachrichten über die Welt verarbeitet.

Nur wo Stille ist, da kann auch ein Weg sein

Nachrichten von der Welt werden vorwiegend durch visuelle Medien verbreitet, die primär die Kognition der Zuhörer ansprechen. Nicht zu hören sind z.b. die Schmerzensschreie der Folteropfer, die verzweifelten Hilferufe der Ertrinkenden, die tatsächliche Gewalt der Detonationen usw.

Vielmehr ist der »Sound« von Nachrichten-Sendungen, auch im Radio, manipuliert; z.b. ist die Lautstärke von Detonationen heruntergefahren (weil andernfalls die Lautsprecher-Membranen und Trommelfelle der Zuhörer zerreißen würden). Hilferufe und Schmerzensschreie in Spielfilmen sind künstlich, von Schauspieler/-innen imitiert. Ebenso die Filmmusik, mit denen die Zuschauer emotional durch Film buchstäblich dirigiert werden: Der Filmkomponist Hans Zimmer (2003) sagt, dass sich gegen gut gemachte Musik niemand wehren kann, da sie direkt auf die Seele der Zuhörenden wirkt. Auch die weiteren Filmgeräusche sind weitgehend falsch, insofern sie künstlich erzeugt und den Bildern nachträglich unterlegt wurden (z.B. Donner oder das Knirschen von Schritten im Schnee).

Zugleich ist das Gehör das Sinnesorgan, das heute in besonderer Weise beschädigt ist: Tag für Tag werden unsere Ohren mit alarmierenden Botschaften bombardiert, gegen die wir uns nicht schützen können, weil der Mensch keine »Ohren-Lider«hat. Lärm (von »a l'àrme«: zu den Waffen) hat ursprünglich die Aufgabe, den Menschen vor drohenden Gefahren (etwa einem herannahenden großen Tier) zu warnen. Daher führt Lärm dazu, dass im Gehirn die Regionen aktiviert und die Hormone ausgeschüttet werden, die den Organismus zu plötzlichen Kampf- oder Flucht-Reaktionen befähigen.

In der übermotorisierten Welt von heute sind große Teile der Bevölkerung mehr oder weniger permanent diesen Alarmreaktionen ausgeliefert: etwa wenn draußen ein Motorrad vorbeidonnert, ein Auto mit wummernden Bässen vorüberdröhnt, ein Düsenflugzeug über unsere Köpfe rast usw. Jedes Mal wird in den Gehirnregionen, die für Gefühle zuständig sind, Alarm ausgelöst, der sogleich von den kognitiven Gehirnregionen als Fehlalarm interpretiert und sozusagen »zurückgenommen« wird (»das ist ja nur ein Motorrad«). Dies hat zur Folge, dass wir darin eingeübt sind, Alarmsignale zu übergehen: wir stumpfen emotional ab.

Insofern ist Lärm nicht nur eines der größten *Um*weltprobleme, sondern zugleich eine gravierende Form von *Innen*welt-Zerstörung: Weil sie das Sinnesorgan betäubt, das für unser Gefühlsleben zuständig ist; genau das Organ, das auch für die Verarbeitung unserer Emotionen über die Welt von hervorragender Bedeutung ist (Marks 1996).

Ein Ausweg aus dieser problematischen Entwicklung besteht meines Erachtens darin, ein Bewusstsein dafür zu entwickeln, wie massiv unser Gehör-Sinn manipuliert, überstrapaziert und abgestumpft wird. Notwendig ist es, Lärm zu bekämpfen und Oasen der Stille zu schaffen, um das Hören wieder zu kultivieren (Berendt 2007). Denn nur wer hören kann, kann auch fühlen.

5. Vom Umgang mit den Emotionen über die Welt

Die Überreizung und Beschädigung des Hör-Sinnes trägt mit dazu bei, dass unsere Beschäftigung mit den Nachrichten über die Welt vorwiegend in *kognitiver* Weise geschieht, während deren *emotionale* Bedeutung weitgehend verdrängt wird. Das Lesen der Zeitung, das Betrachten von Nachrichten im Fernsehen oder Internet: Dies vermag die Menschen (abgesehen von extrem schockierenden Ereignissen wie z. B. in Fukushima im März 2011) kaum mehr zu bewegen. Nachrichten sind bloße Informationen, aber nur selten Wissen, geschweige denn Weisheit. Die Betrachter machen dicht, schalten ab: »Mit elektronisch getakteter Atemlosigkeit nehmen wir die Weltfinanzkrise zur Kenntnis, einstürzende Euro-Länder, arabische Revolutionen, japanische Katastrophen – unsere Aufnahmefähigkeit ist bis zum Äußersten gedehnt. Und wir merken: Wir wissen fast nichts.« (Gaschke 2011, 1). Die Folgen sind Ohnmacht, Überdruss und Gleichgültigkeit.

Was ist zu tun, um dies zu verändern? Diese Frage geht jeden Menschen an; sie berührt diejenigen in doppelter Weise, die nicht nur auf den eigenen Umgang mit Nachrichten achten müssen, sondern darüber hinaus auch dafür verantwortlich sind, wie andere damit umgehen: Eltern, die ihre Kinder auf das Leben in einer bedrohten Welt vorbereiten; sowie Lehrer/-innen, insofern es zu ihrer Aufgabe gehört, die Schüler über vergangene, gegenwärtige und drohende Katastrophen zu unterrichten (dies betrifft vor allem die Fächer Geschichte, Gemeinschaftskunde, Erdkunde, Deutsch, Religion bzw. Ethik).

Darüber hinaus geht diese Frage alle Menschen an, die sich für Frieden, Gerechtigkeit oder Naturbewahrung engagieren, sei es frei- oder hauptberuflich (z. B. in einer Bürgerinitiative oder Menschenrechts-Organisation). Auch sie arbeiten in gewissem Sinne pädagogisch, wenn sie Mitbürger/-innen für ein bestimmtes Anliegen gewinnen möchte (z. B. Unterschriften für ein Bürgerbegehren sammeln). Diese Personengruppe ist gemeint, wenn ich im weiteren Verlauf dieses Buches zuweilen von »Aktivisten« oder »Engagierten« spreche.

All diese Personen sind mit der Frage konfrontiert: Wie sag ich es meinem Kind bzw. Schüler bzw. Gesprächspartner? Wie kann ich ein »unangenehmes« Thema ansprechen, ohne beim Gegenüber Pessimismus oder aggressive Abwehr zu verstärken? Wie kann ich sie für ein Thema interessieren, das zunächst keinen »Fun« verspricht und über den »Tellerrand« ihrer unmittelbaren eigenen Interessen hinauszugehen scheint, wie etwa für das Leiden von Mitmenschen in anderen Zeiten oder Ländern, für die Ausrottung anderer Gattungen oder für die radioaktive Verseuchung der Erde für die kommenden Jahrtausende?

Eine pädagogische Strategie, dieses Problem zu lösen, ist verschiedentlich im Schulunterricht und in Kampagnen für Frieden, Gerechtigkeit oder Naturbewahrung zu beobachten: Es wird versucht, die Schüler bzw. Mitmenschen mit möglichst aufrüttelnden *Informationen* oder *Bildern* zu konfrontieren. Gewiss ist es hilfreich, nüchterne Zahlen in visuelle Eindrücke zu übersetzen, um bestimmte Zusammenhänge zu verdeutlichen (Preuss 1991, 123). Ein Beispiel: Die soziale Ungerechtigkeit in der Bundesrepublik heute lässt sich durch trockene Statistiken vermitteln oder durch einen Vergleich veranschaulichen: Stellen Sie sich ein Hochhaus von sechzig Metern Höhe vor – dies symbolisiert das Vermögen der reichsten zehn Prozent der Bevölkerung. Daneben krabbelt eine Ameise, die das gesamte Vermögen der armen dreißig Prozent darstellt (Guzmán 2011).

Falls diese Strategie jedoch nicht zum gewünschten Lerneffekt führt, dann wird nicht selten versucht, mit *noch mehr* Daten und *noch schockierenderen* Bildern medial »nachzurüsten«. Dies entspricht den ersten beiden Versionen in der oben beschriebenen Übung: Primär wird die Kognition der Menschen angesprochen. Ich halte diese Strategie für gut gemeint, aber fragwürdig, weil die Gefahr besteht, dass dadurch der Überdruss noch verstärkt wird.

Für grundlegend wichtig halte ich es vielmehr, die emotionale »Seite« der Nachrichten über die Welt mit zu berücksichtigen – freilich dosiert und in einem geschützten Rahmen. Denn *alle* Schmerzen über die *ganze* Welt zu empfinden, damit wäre jeder Einzelne und jede Gruppe überfordert. Ein gewisses Maß an Abschottung ist daher für die seelische Gesundheit (»Psychohygiene«) des Menschen unabdingbar. Sie ist ein Schutzmechanismus gegen ein emotional-überforderndes Zuviel an bedrängenden Nachrichten (Hofmeister 2010). Problematisch ist es nur, wenn diese Emotionen chronisch abgewehrt werden müssen.

Eine »Betroffenheits-Pädagogik«, die darauf abzielt, die Menschen durch möglichst »aufrüttelnde« Medien maximal zu emotionalisieren, halte ich für fragwürdig, weil das Wecken von Emotionen keineswegs automatisch zu positiven Lerneffekten führt. Vielmehr kommt es darauf an, die Emotionen, die unvermeidlich mit einer Nachricht verbunden sind, anzuerkennen und kompetent zu begleiten, so dass sie bewusst werden und sich *wandeln* können. Es gilt, Kognition mit Emotion zu verknüpfen, weil nur dann gelernt werden kann.

Dies erfordert freilich Kompetenzen auf Seiten der Lehrenden bzw. der politischen Aktivisten, die üblicherweise kaum zu ihrer Ausbildung zählen: die Fähigkeit, mit extrem schmerzhaften Gefühlen umzugehen, bei sich selbst wie bei den Schülern bzw. Gesprächspartnern. Das bedeutet im Wesentlichen: Die Fähigkeit, deren Entsetzen, Mitgefühl, Angst, Scham oder Wut auszuhalten, zu begleiten und den Menschen Möglichkeiten zu bieten, diese Emotionen zum Ausdruck zu bringen – sei es durch gesprochene oder geschriebene Worte, Töne, Klänge, Bewegungen, Farben oder anderes.

Diese Kompetenz sollte meines Erachtens künftig in der Aus- und Weiterbildung von Lehrern und verwandten Berufsgruppen (z. B. Gedenkstättenpädagogen) vermittelt werden.

6. Anregungen zum Schöpfen von Hoffnung

*Was wir am dringlichsten tun müssen, ist,
in uns hineinzuhorchen, um zu hören, wie die Erde weint.*

Thich Nhat Hanh

Ich komme auf das Bild des »Schöpfens« von Hoffnung zurück. Stellen wir uns eine Schöpfkelle und eine Quelle vor. Solange die Kelle nicht in das Wasser eingetaucht wird, bleibt sie leer. Das bedeutet: Solange wir uns nur kognitiv mit den Nachrichten über die Welt auseinandersetzen und die damit verbundenen Emotionen ausklammern, kann es keine Hoffnung geben.

Im Unterschied dazu wird die Schöpfkelle voll, wenn wir sie in die Quelle eintauchen; d. h. wenn wir in die »Dunkelheit« der Schmerzen über die Welt hinabgehen. Damit ist aber noch wenig gewonnen, solange die Kelle unten eingetaucht bleibt. Notwendig ist es vielmehr, die Kelle nach unten und dann wieder nach oben zu bewegen, vom Dunkel zurück ins Licht des Bewusstseins.

Hoffnungsarbeit mit Erwachsenen

Nachfolgend möchte ich einige Anregungen geben, wie das Schöpfen von Hoffnung im Alltag praktiziert werden kann. Zunächst eine kleine Übung am Beispiel einer Fernseh-Nachrichtensendung:

Zunächst sollten Sie dafür sorgen, dass Sie einen ruhigen und geschützten Raum haben, in dem Sie eine Zeitlang nicht gestört werden; Telefon oder Handy sind ausgeschaltet und Sie stehen nicht unter Zeitdruck. Setzen Sie sich bequem hin; legen Sie Papier, Stift und die TV-Fernbedienung bereit.

Schalten Sie eine Nachrichten-Sendung ein und beobachten

Sie dabei Ihre Empfindungen. Gleich nach der ersten Negativ-Meldung, sobald die Sendung zu einem anderen Thema wechselt, schalten Sie das Gerät aus. Spüren Sie nach und beobachten Sie Ihre Gefühle. Achten Sie darauf, dass Sie nicht innerlich ins Theoretisieren oder Schimpfen kommen. Bleiben Sie bei sich und Ihren Empfindungen, Gedanken, Assoziationen, Erinnerungen usw.. Beobachten und notieren Sie; so lange, bis Sie den Eindruck haben, dass Sie alles Wichtige aufgeschrieben haben.

Noch sinnvoller ist es, diese Übung im vertrauensvollen Kreis von Familienangehörigen oder Freunden durchzuführen oder (z. B. im Rahmen eines Workshops) mit anderen Eltern Ihrer Schulkinder. Bereiten Sie die Teilnehmenden entsprechend vor: Stellen Sie die Übung und Ihre Motivation dafür vor. Erklären Sie das Vorgehen, den zeitlichen Rahmen und die »Spielregeln« und holen Sie das Einverständnis der Teilnehmenden ein; niemand darf sich gedrängt fühlen, daran teilzunehmen.

Zu den Regeln gehört, dass nach Ausschalten des Fernseh-Gerätes nicht diskutiert werden soll; es sollen auch keine Lösungsvorschläge dargelegt oder über »die Politiker« gelästert werden. Vielmehr geht es darum, in Kontakt zu treten mit den je eigenen Emotionen, die durch die Nachricht ausgelöst wurden. Diese können von Person zu Person sehr verschieden sein. Stellen Sie von vornherein klar, dass Gefühle »sind« und daher nicht bewertet, belächelt oder »ausgeredet« werden dürfen. Sie sind zu respektieren, ebenso wie auch »abwehrende« Reaktionen, mit denen ein Teilnehmer sich vor Emotionen zu schützen sucht.

Nach Ausschalten der Nachrichten-Sendung sollte zunächst eine Phase der Stille folgen, in der jede/r der Anwesenden bei sich bleiben und ihre/ seine Gefühle notieren kann. Nach einiger Zeit, wenn Sie den Eindruck haben, dass alle fertig mit Schreiben sind (dies können, je nach Situation, 10 Minuten sein, mal mehr, mal weniger), kündigen Sie an, dass ab jetzt die Möglichkeit besteht, über das zu sprechen, was die Anwesenden empfunden haben.

Machen Sie deutlich, dass dies freiwillig geschieht (»jeder darf, niemand muss sich äußern«); niemand sollte sich gedrängt fühlen; auch die Reihenfolge sollte nicht vorgegeben werden. Die Mitteilungen einer Person dürfen nicht von anderen kommentiert oder diskutiert werden. Um die Aufmerksamkeit auf die jeweils sprechende Person zu richten und ein Durcheinander-Sprechen zu vermeiden, ist es hilfreich, ein Sprechobjekt (z. B. einen schönen Stein oder verzierten Stab, »talking stick«) zu verwenden, den die jeweils sprechende Person in der Hand hält und der nächsten weiterreicht.

Ihre Aufgabe als Moderator/-in der Runde ist es, auf die Einhaltung der Regeln zu achten. Falls nötig, können Sie, um das »Eis zu brechen«, den Austausch eröffnen. Sorgen Sie dafür, dass der Austausch nicht durch einen Vielredner dominiert wird und nicht ins Debattieren abgleitet. Es ist auch wichtig, eventuelle Phasen der Stille auszuhalten. Vertrauen Sie dem Prozess.

Hoffnungsarbeit mit Kindern und Jugendlichen

Unsere Zeit benötigt notwendig eine Kultur des Umgangs mit unseren Schmerzen über die Welt (und solange eine solche Kultur fehlt, brauchen wir uns nicht zu wundern, wenn diese Emotionen auf anderen Wegen, in destruktiver Weise, zum Ausbruch kommen, z. B. durch brennende Autos oder andere Formen von Gewalt). Dabei ist zunächst das Tabu zu überwinden, wonach »darüber« nicht gesprochen wird. Allerdings lassen sich solche Gespräche auch nicht erzwingen, etwa indem man einem Mitmenschen maximal bedrohliche Informationen oder Bilder aufzwingt. Dies könnte unter Umständen dazu führen, dass dessen Abwehr nur noch verstärkt wird.

Vielmehr kommt es darauf an, den Menschen Möglichkeiten zu bieten, ihre Sorgen, die im Grunde jeder Mensch in sich trägt, mitzuteilen. Dazu kann es hilfreich sein, jemanden zu fragen: »Bist Du auch manchmal beunruhigt, wenn Du Nachrichten hörst?« Es geht hierbei nicht um das Diskutieren von politischen Meinungen, denn über Meinungen lässt sich immer streiten, nicht aber über Emotionen (Macy 1988, 64).

Besonders wichtig ist es, mit den diesbezüglichen Gefühlen von Kindern und Jugendlichen umzugehen. Denn schon mit vier bis sechs Jahren kennen Kinder zum Beispiel den Begriff Atombombe und ahnen deren Zerstörungspotential. Die Informationen darüber sind überall in unserer Kultur zu finden, von Comics bis hin zu Fernsehsendungen und Internet. Daher hilft es auch nichts, ihnen – gutgemeint – das Wissen darüber fernhalten zu wollen.

Vielmehr wird durch Schweigen das Problem nur noch verschärft, da es von Heranwachsenden möglicherweise als Gleichgültigkeit erlebt wird (»unsere Zukunft ist Euch doch egal«) und Entfremdung, Zynismus und Wut hervorrufen kann. Vielleicht geht manche Verachtung und Gewalt junger Menschen – z. B. Punks mit ihrem demonstrativ provokanten Aussehen – letztlich auf den heuchlerischen bis zynischen Umgang vieler Erwachsenen mit schwerwiegenden Informationen zurück (Macy 1988, 75)? Denn ist es nicht zynisch, wenn wir Erwachsenen den nach uns Kommenden eine katastrophale Zukunft hinterlassen, von der wir profitiert haben, ohne dass wir entschieden dagegensteuern (Kurz 1989, 26f.)?

Joanna Macy (1988, 76ff.) gibt elf Hinweise für Gespräche mit Kindern und Jugendlichen über ihre Schmerzen über die Welt:

- Teilen Sie zuallererst die Freude am Leben mit Ihren Kindern, etwa indem sie gemeinsam Samen aufziehen oder einen Käfer beobachten. Denn die Welt ist, trotz aller Gefahren, auch kostbar und erhaltenswert.
- Zeigen Sie Ihren Kindern, dass Sie sich selber für eine gelingende Zukunft engagieren. Verschiedene Untersuchungen zeigten, dass Kinder von politisch engagierten Eltern (z. B.

in der US-Bürgerrechtsbewegung) psychisch gesünder und stabiler sind als Kinder nicht engagierter Eltern.
- Erkennen Sie zunächst Ihre eigenen Gefühle über das, was in der Welt passiert, z. B. durch Teilnahme an einem Workshop mit gleichgesinnten Eltern. Andernfalls besteht die Gefahr, dass die Gespräche mit Kindern dazu missbraucht werden, die eigenen Gefühle zu erforschen.
- Laden Sie Ihre Kinder dazu ein, ihre Emotionen über die Welt mitzuteilen, z. B. indem Sie beim Fernsehen zunächst Ihre eigenen Gefühle anlässlich einer Nachricht aussprechen (dabei sollten Sie jedoch nicht die Kinder mit Ihren eigenen Emotionen überschütten).
- Hören Sie Ihrem Kind aufmerksam zu; tun Sie zwischendurch nichts anderes und nehmen Sie sich Zeit, auch zum Schweigen. Erzwingen Sie nichts, denn jedes Kind hat das Recht, über solche schwerwiegenden Themen auch nicht zu sprechen.
- Helfen Sie den Kindern, ihre Gefühle klar zu bekommen; viele Menschen wissen erst, was sie fühlen, wenn sie es aussprechen können.
- Lassen Sie Ihre Kinder wissen, dass sie mit ihren Ängsten nicht alleine sind. Erzählen Sie z. B., wie erschrocken Sie selbst waren, als Sie von Hiroshima erfuhren.
- Geben Sie zu, wenn Sie etwas nicht wissen (das ist bei den komplexen Weltproblemen unvermeidbar). Dies gibt den Kindern Vertrauen in das Wissen, das Sie besitzen und ist Anreiz für Sie, sich weitergehend zu informieren, um Ihre Wissenslücken zu beheben.
- Versuchen Sie nicht, Ihren Kindern die schmerzhaften Gefühle abnehmen zu müssen (»Macht Euch keine Sorgen!«), denn es sind ihre Gefühle, die im Kern berechtigt sind. Aber Sie können unnötige Sorgen und Missverständnisse ausräumen (z. B. dass der Junge nebenan keine Atombombe zu Hause hat).
- Unterstützen Sie Ihre Kinder darin, eigene Entscheidungen zu treffen, solange sie sich damit nicht schaden. Das hilft

ihnen, ihre eigenen Fähigkeiten und Kräfte zu spüren und zu entwickeln.
- Unterstützen Sie Ihre Kinder, wenn sie selbst aktiv werden wollen (was nicht bedeutet, sie für Ihre eigenen Ziele zu benutzen). Kinder können sich in vielfältiger Form engagieren; dies steigert ihre Selbstachtung (die viele Erwachsene verloren haben), gibt ihnen Gemeinschaftsgefühl und verringert ihre Ohnmacht vor der Zukunft.

Grundsätzlich ist allerdings – in der Arbeit mit Kindern wie mit Erwachsenen – das Recht der Mitmenschen anzuerkennen, auch nicht »wissen« zu wollen. Dies mag vielleicht schwerfallen, wenn wir selbst von einer Nachricht besonders tief berührt wurden und es uns ein Anliegen ist, andere dafür zu interessieren. Diese respektvolle Haltung möchte ich – zum Abschluss des ersten Teils – mit einer Geschichte von Leo Tolstoi (1997) illustrieren.

Als die Wahrheit verstummte:
»Was wäre die Welt ohne mich! Erst durch mich wird das Leben lebenswert!« rief die Wahrheit, warf sich in die Brust und schritt stolz durch Städte und Dörfer, um auf dieser Erde dem falschen Schein, der Lüge, dem Trug den Kampf anzusagen.
Die Wahrheit kam in eine kleine Straße und sah, wie eine Anzahl Kinder um ein Märchenbuch herumsaßen. Ein Kind las vor von Prinzen und Riesen und Zwergen und Kobolden, und aller Augen glänzen.
»Was in diesem Buche steht, ist alles Erfindung und Lüge!« rief die Wahrheit. Da schwand plötzlich alle Freude aus den Gesichtern und Herzen der Kinder, und sie wurden still und traurig.
Die Wahrheit ging weiter. Auf einem Jahrmarkt sah sie, wie ein junger Mann an einer Glücksbude einen hellfunkelnden goldenen Ring gewonnen hatte und ihn nun seiner Liebsten an den Finger stecken wollte.

»Ihr glaubt wohl, der Ring sei aus Gold?« sagte spöttisch die Wahrheit. »Oh nein, er ist nicht echt, er ist nur aus wertlosem Messing und wird bald seinen Glanz verlieren!« Da schwand plötzlich alle Freude aus Gesichtern und Herzen der beiden Liebenden, und sie wurden still und traurig.

Die Wahrheit ging weiter. An einer Straßenecke saß ein Kind. Es sah blass, schwach und elend aus und hatte einen Buckel.

»Du armes, verkrüppeltes Geschöpf«, sagte die Wahrheit mitleidig, »ich wollte, du brauchtest diesen Buckel nicht zu tragen ...«
»Wieso?« erwiderte erstaunt das Kind. »In diesem Buckel innen drinnen sind ein Paar Flügel der Engel am Himmel. Du kannst es ruhig glauben, denn meine Mutter hat es mir selbst gesagt!« Und die Augen des Kindes strahlten.

Da wandte sich die Wahrheit ab und ging stumm von dannen ...

Teil II

Hoffnung hegen

hegen (Verb), Wortbedeutung:

pflegen, aufziehen, betreuen, hüten, kultivieren, schützen, umhegen, zum Gedeihen bringen, bearbeiten, warten, zur Weide führen, grasen lassen, in Stand halten, erhalten, gut umgehen mit, fördern, pfleglich behandeln, nicht abnützen, instand halten, nicht strapazieren, sorgfältig behandeln, sich kümmern um, sorgen für.

1. Was bringt das?

Gegen die Hoffnungsarbeit könnte pessimistisch eingewendet werden: »Was bringt so etwas?« und »Wohin führt das?« Letzteres können wir vorher nicht wissen. Das ist ja das Aufregende beim Prozess der Hoffnung: Es kann Unvorhergesehenes geschehen; es kann sich etwas entwickeln, was nicht einfach die Verlängerung des Alten ist; etwas, was wirklich diesen Namen verdient: Neues. Klaus Mertes, Jesuitenpater und ehemaliger Rektor des Canisiuskollegs in Berlin, hält die Erfahrung des Unplanbaren für wichtig, denn die Zukunft ist offen. Der Mensch ist fähig, umzukehren und einen Neubeginn zu wagen (Weber 2010, 70). Für Frank Schirrmacher (2009, 129) sind gerade »die wertvollsten menschlichen Verhaltensweisen durch Nicht-Vorausberechenbarkeit gekennzeichnet«.

Was »so etwas bringt« ist dies: Sinn der Übungen (Seite 55 und 63) ist es, punktuell, am Beispiel einer Nachricht, die damit verbundenen Emotionen bewusst zu machen – sie zu »merken« – und damit ihre Verdrängung abzuwenden. In der Tiefenpsychologie wird das Unbewusste zuweilen mit einem unterirdischen See verglichen. Diesem Bild zufolge führt jede Verdrängung dazu, dass psychische Energie nach unten abfließt, wodurch der See bzw. das Unbewusste immer größer und das Ich-Bewusstsein entsprechend kleiner wird. Zwischen zwei Massen wirken jedoch (so ein Vergleich des Tiefenpsychologen Erich Neumann [1974, 300]) Anziehungskräfte, vergleichbar der Schwerkraft. Somit bewirkt jede Verdrängung, dass die Anziehungskraft durch das Unbewusste größer und das Ich-Bewusstsein zunehmend schwerer, kraftloser, apathischer, leidenschaftsloser wird.

Diese Wirkung kann durch die Übungen ein kleines Stück weit umgekehrt werden, indem eine Emotion sozusagen aufgefangen und dem Ich-Bewusstsein zugeführt wird. Indem wir »merken«, gewinnt das Ich ein Stück Leidenschaft zurück. Ein bewusstes Umgehen mit den Emotionen über die Welt kann uns, so Joanna Macy (1988), dabei helfen, beängstigende Informationen zu verarbeiten, ohne von Angst, Trauer, Wut und dem Gefühl von Hilflosigkeit überwältigt zu werden. Diese Arbeit befähigt uns, Haltungen des Vermeidens und der daraus resultierenden Lähmung zu überwinden und unsere Bereitschaft zum Handeln zu fördern.

Tatsächlich ist bei den Workshops zur Hoffnungsarbeit zu beobachten, dass die Gefühle der Teilnehmenden sich im Lauf des Prozesses verändern. Aus der anfänglichen Trauer, der Verzweiflung oder dem Entsetzen erwächst ein Bedürfnis, auf die Nachricht zu reagieren, aktiv zu werden, »etwas« zu tun. Im Prozess der Hoffnung gibt es eine Phase, in der sich etwas Wesentliches verändert, was mit rationalen Begriffen nur schwer zu beschreiben ist. Es ist wie eine chemische Veränderung, wie ein Wechsel der Gezeiten, wie der Übergang vom Ein- zum Ausatmen, wie eine innere Revolution oder wie ein Tor zu etwas Anderem, zu etwas *Neuem*. In Religionen wird diese Veränderung als Metanoia bezeichnet, d. h. als Umkehr, Wandlung oder Wende.

Der Begriff der Wende wurde in Deutschland in den vergangenen zwei Jahrzehnten missbraucht und banalisiert: Die Vereinnahmung der ehemaligen DDR durch die Bundesrepublik im Jahr 1991 war genau mit keiner wirklichen Veränderung verbunden, sondern war – aus westdeutscher Sicht – ein »Weiter-so-wie-Bisher«. Im Unterschied dazu geschieht jedoch im Prozess der Hoffnung eine tiefgreifende Veränderung unserer Vorstellungen von dem, was uns wichtig und was möglich ist. »Die gemeinsame Erforschung unserer tiefsten Ängste und Sehnsüchte in Bezug auf die Erde trägt den Keim einer umfassenden geistigen Erneuerung in sich (…) und führt uns an die Kraftquellen, aus denen wir zur Heilung der Welt schöpfen können.« (Macy 1988, 167+169). Sie mündet in ein Bedürfnis, sich konstruktiv für die Lösung der bestehenden Probleme einzubringen.

Wie oben mit Brueggeman (1978, 51) am Beispiel des Propheten Jeremia gezeigt wird, wirken verleugnete Schmerzen blockierend, während erst das Durchleben von Trauer – die ultimative Kritik – Neues ermöglicht. Nur durch Emotionen wird der Mensch zum Handeln bewegt, zur Aktion motiviert; dies ist im Grunde auch ihre Aufgabe. Das Wort Emotion kommt vom lateinischen Wort für Bewegung: »motion«. So auch unsere Gefühle über die Welt, wie etwa Angst, Wut, Abscheu, Empörung, Ohnmacht, Verzweiflung, Trauer, Mitgefühl, Scham oder Entsetzen: Sie sind eine psychische Energie, die uns dazu bewegen möchte, etwas gegen die katastrophalen Zustände in der Welt zu unternehmen, aktiv zu werden und Teil der Lösung zu werden.

Mit diesem Bedürfnis, »etwas« zu tun, müssen wir jedoch sorgsam umgehen. In den vergangenen Jahrzehnten habe ich vielfach beobachtet, wie junge Menschen angefangen haben, sich für Frieden, Gerechtigkeit oder Naturbewahrung zu engagieren – um nach einigen Monaten oder Jahren enttäuscht zu werden, zu resignieren und in Pessimismus oder Zynismus zu verfallen. Dies ist verständlich, denn jedes Engagement ist unvermeidbar mit Enttäuschungen verbunden und das »tut weh. Manche flüchten in die Hoffnungslosigkeit. Sie erstarren in ›realistischer Depression‹ mit entsprechenden gesundheitlichen Schäden.« (Lukas 1997, 24). Nicht wenige ehemalige Kämpfer für soziale Gerechtigkeit endeten sogar bei der politischen Rechten (beispielsweise Mussolini). Um dies zu vermeiden, ist es wichtig, mit dem Bedürfnis »etwas« zu tun, achtsam umzugehen, es zu »pflegen«. Dies ist Gegenstand des zweiten Buchteils.

Zunächst eine kleine Übung: Wenn eine Meldung Sie in besonderer Weise berührt, dann nutzen Sie die damit verbundene Energie und gestalten diese aus. Zum Beispiel, wie bereits erwähnt, indem Sie zunächst alle Ihre Empfindungen und Gedanken zu der betreffenden Nachricht zu Papier bringen.

Wenn Sie den Eindruck haben, alles Wesentliche ausgedrückt zu haben, dann formulieren Sie daraus einen Brief an eine Person oder Institution, die Ihre Reaktion erfahren sollte, z. B. Ihre Zeitung oder Landtagsabgeordnete.

Welche Gedanken gehen Ihnen während dieser Übung durch den Kopf? Vielleicht denken Sie: »Was bringt das schon?« Oder Sie zweifeln: »Ich kann so einen Brief nicht schreiben.« Oder: »Davon versteh ich ja viel zu wenig.« Oder Sie sorgen sich: »Was werden die Nachbarn von mir denken, wenn mein Leserbrief in der Zeitung steht?!«

Es gibt sehr viele Bürger, die von solchen oder ähnlichen Gedanken geplagt werden. Und genau diese Zweifel sorgen dafür, dass sich große Teile der Bevölkerung nur wenig öffentlich zu Themen äußern, die doch für uns und für die Schöpfung von existenzieller Bedeutung sind. Anders als in undemokratischen Ländern (in denen mit Haft, Folter oder Tod bedroht wird, wer seine Meinung veröffentlicht) sind heute bei uns andere, subtilere Mechanismen am Werke, mit denen wir häufig uns selbst davon abhalten, unsere Meinungen in die Gesellschaft einzubringen. Einige dieser Blockaden möchte ich in den folgenden drei Kapiteln näher betrachten.

Dabei beziehe ich mich auf die Psychologie der Scham, einer der machtvollsten, oft übersehenen Emotionen. Scham ist sehr schmerzhaft, hat jedoch wichtige Funktionen: Scham, in gesundem Maße, ist »die Hüterin der menschlichen Würde« (Leon Wurmser) und reguliert das menschliche Miteinander. Ein pathologisches Zuviel an Scham jedoch blockiert die Entwicklung und vergiftet die zwischenmenschlichen Beziehungen. Daher ist es für die Heilung des Einzelnen wie auch der Gesellschaft außerordentlich fruchtbar, sich mit Scham bewusst auseinanderzusetzen und sie zu transformieren in die Befähigung zur Menschenwürde (dies habe ich an anderer Stelle ausgeführt, Marks 2010 + 2011b). Der Begriff der Scham bezeichnet genauer betrachtet eine Gruppe von Emotionen. Drei davon sind für die folgenden Kapitel von Bedeutung.

2. Angst vor Ausgrenzung

Schamgefühle können zurückbleiben, wenn wir uns »daneben benommen« oder etwas »Peinliches« getan haben und daraufhin von anderen als »komisch«, »verrückt« oder »anders« verspottet, scheel angesehen oder ausgegrenzt werden. Diese Ausprägung von Scham (»Anpassungs-Scham«, Marks 2011b, 14ff.) entzündet sich an der Differenz zwischen dem, der ich bin und dem, der »man« nach Ansicht seiner Mitmenschen sein sollte. Sie wird ausgelöst, wenn »man« die Erwartungen und Normen der Mitmenschen nicht erfüllt.

Worin jedoch diese Erwartungen und Normen bestehen, hängt jeweils ab von der Herkunftsfamilie, der Umgebung und der Gesellschaft, in der wir leben. Traditionell wurden in Deutschland abweichende Meinungen und nonkonformes Verhalten brutal geahndet: Folter, Hinrichtungen, öffentliche Beschämungen (z. B. Pranger) und Ausgrenzungen (z. B. Ächtung, Landesverweis) waren über Jahrhunderte wesentliche Herrschaftsinstrumente; vom Mittelalter bis zur Neuzeit, dann wieder im Nationalsozialismus. Und etwas davon wirkt, in subtilen Ausprägungen, noch in den Beschämungen, Ausgrenzungen und im Mobbing nach, die bis heute das Klima in manchen Klassenzimmern, Ausbildungsbetrieben, Hochschulen und Firmen vergiften (Marks 2010).

Wer eine eigene Meinung hat oder einen abweichenden Lebensstil lebt, der soll sich schämen und muss damit rechnen, beschämt, verspottet, verhöhnt, bloßgestellt oder ausgegrenzt zu werden. So wurde über Generationen eine abgrundtiefe Angst in unsere Seelen gebrannt. Die Angst davor, uns mit dem, was uns wichtig ist, in die Gesellschaft einzubringen: »Was sollen die Leute denken?« Diese Sorge kann dazu führen, dass eigene Meinungen und Lebensäußerungen begraben werden, ehe sie ausgearbeitet und in die Welt getragen wurden.

Tatsächlich können durch Beschämungen oder Ausgrenzungen dieselben Gehirnregionen aktiviert werden wie in Situationen, in denen wir existenziell in unserem Überleben bedroht sind (Nathanson 1987; Schore 1998). »Scham bedeutet Angst vor totaler Verlassenheit, vor psychischer Vernichtung.«, so Peer Hultberg (1987, 92). Daher ist diese Scham eine der machtvollsten Blockaden, mit der wir uns oft selbst daran hindern, uns mit unseren politisch bedeutsamen Emotionen und Meinungen in der Gesellschaft präsent zu machen.

Soweit die Blockierung, die ein pathologisches Zuviel an Anpassungs-Scham bewirken kann. Ein gesundes Maß dieser Scham hat jedoch positive Aufgaben. Es sorgt z. B. dafür, dass wir einen Affekt oder einen Gedanken nicht einfach spontan in der Öffentlichkeit »ausspucken« (worüber wir uns später vielleicht schämen müssten), sondern (um auf das Beispiel des Briefes an die Zeitung oder Abgeordnete zurückzukommen) dass wir uns sehr gründlich überlegen, was und wie wir schreiben. Dass wir uns sachkundig machen, um unser Argument möglichst gut zu begründen; dass wir so lange an den Formulierungen herumfeilen, bis das Schreiben klar, bestimmt und zugleich respektvoll ist.

So kann uns ein gesundes Maß an Anpassungs-Scham dazu motivieren, den Brief so sorgfältig auszuarbeiten, dass wir am Ende stolz auf unser Werk sein können. Denn auch dies ist ein menschliches Grundbedürfnis: uns in die Welt einzubringen, jede/r nach ihren/seinen Fähigkeiten,

Einen politischen Brief auszuarbeiten erfordert geistige Anstrengung und Übung; dies sollte schon in der Schule eingeübt werden. Dies wird durch manche Lehrpläne durchaus ermöglicht; dies kann hier nur exemplarisch skizziert werden: z. B. sollen Gymnasiasten in Baden-Württemberg Methoden erlernen, um Veränderungen zu bewirken; Diskussionen, Streitgespräche und Debatten auszutragen sowie »Texte und Materialien, die der politischen Teilhabe dienen, zu erstellen (zum Beispiel Leserbriefe, Flugblätter).« Ministerium 2004)

3. Zweifel an den eigenen Fähigkeiten

Mancher Brief an Zeitung oder Politiker bleibt aus anderen Gründen ungeschrieben; etwa wenn jemand von sich denkt: »Ich kann so was nicht, ich kann keine Leserbriefe schreiben.« Viele Menschen zweifeln an ihren eigenen Fähigkeiten; auch hier kann ein blockierendes »Zuviel« an Scham zugrunde liegen.

Über Jahrhunderte wurde den Menschen – vor allem durch eine lebensfeindliche Interpretation des Christentums und eine »schwarze Pädagogik« – eingeimpft, dass sie von Grund auf schlecht (»Erbsünde«), unwürdig und unfähig seien. Sie wurden dazu angehalten, sich unterwürfig und klein zu machen. Dies hat zur Folge, dass viele Menschen ihr »Licht unter den Scheffel stellen«:

Wie viele Bilder wurden nie gemalt, weil Menschen von sich denken: »Ich bin ja nicht kreativ«! Wie viele Geschichten oder Gedichte wurden nie zu Papier gebracht, weil Menschen von ihrer Unbegabtheit überzeugt sind und befürchten, ausgelacht zu werden! Wie viele Klänge und Melodien konnten nie gehört werden, weil ihre Schöpfer die verächtlichen Kommentare von Mitmenschen befürchten und sich hinter der Meinung verschanzen: »Ich bin ja nicht musikalisch«! Wie viele Meinungen werden nicht öffentlich vertreten, weil Menschen sich sagen: »Dazu bin ich nicht intelligent genug, nicht gebildet genug.« (Weber 2010, 31)

Der Sozialpsychologe Harald Welzer sieht eine »riesige Illusionsmaschine« am Werk, in der diverse Akteure, sogenannte »Experten«, auftreten und vermitteln, sie verstünden besser als alle anderen, was in der Welt vor sich gehe. Dadurch soll das Gros der Bevölkerung »der Suggestion erliegen, sie hätten keine Möglichkeit, in die Ereignisse einzugreifen« (Weber 2011, 30).

Diese »Illusionsmaschine« wird durch eine Ausprägung von Scham unterstützt, die als »Intimitäts-Scham« bezeichnet wird (Marks 2011b, 27ff.). Diese hat die Funktion, unsere Grenzen zu wahren: das, was uns wichtig ist – unsere intimen Körperregionen, aber auch unsere persönlichen Gedanken, Gefühle, Fantasien und Kreativität – vor den Blicken und Bewertungen anderer zu schützen. Ein Übermaß dieser Scham kann jedoch dazu führen, dass Lebensäußerungen schon abgewürgt werden, ehe sie überhaupt erprobt werden konnten. Etwa wenn die Botschaft lautet: *Nur* wer perfekt ist und absolute Spitzenleistungen bringt, nur wer »Experte« ist, darf sich in die Öffentlichkeit wagen; nur dann ist er oder sie davor gefeit, verhöhnt zu werden.

Ein gesundes Maß dieser Scham ist jedoch hilfreich, indem sie uns dabei unterstützt, unsere je individuellen Grenzen zu erkennen; beispielsweise wahrzunehmen, auf welchen Gebieten wir jeweils begabt sind und auf welchem nicht. Wenn jemand von sich sagt: »Ich bin nicht gut im Briefeschreiben«, dann mag dies für manche Personen eine durchaus realistische Selbsteinschätzung sein. Tatsächlich gibt es noch viele andere Möglichkeiten, seine gesellschaftlich bedeutsamen Gedanken und Gefühle in die Gesellschaft einzubringen.

Im Laufe unserer Geschichte haben sich gewisse Vorstellungen von »Politik« etabliert, die mir recht eindimensional zu sein scheinen. Demnach erschöpft sich »politisches Engagement« im Bewusstsein vieler Menschen darin, für ein politisches Amt zu kandidieren bzw. zu wählen, Briefe zu schreiben, an einer Massendemonstration, Kundgebung oder Streik teilzunehmen sowie Unterschriften zu sammeln, Punkt.

Die Konsequenz daraus ist, dass viele Bürger Politik als etwas Langweiliges empfinden und Gemeinschaftskunde zu den unbeliebtesten unter den Schulfächern zählt. Eine weitere Konsequenz ist, dass die Wahlbeteiligung erstaunlich gering ist (sie lag z. B. bei den baden-württembergischen Landtagswahlen im März 2011 bei mageren 66 Prozent).

Dieses eher »flache« Verständnis von Politik wird auch

durch einen traditionellen Kunst-Begriff unterstützt, wonach sich Kreativität lediglich in den Werken »richtiger«, anerkannter Künstler zeige, aber nichts mit Politik zu tun habe. In den vergangenen Jahrzehnten ist jedoch in verschiedenen Ländern zu beobachten, dass sich Menschen in immer fantasievolleren Formen in die Politik einmischen: bunter, lebendiger, sinnlicher, origineller. »Fantasie an die Macht«: so lautete ein Slogan des Künstlers Pierre Soulages, mit dem er den Aufstand der Pariser Studenten im Mai 1968 unterstützte. Immer mehr Künstler der Avantgarde nehmen am Geschehen ihrer Zeit teil – vor allem seit Pablo Picasso (er entwarf 1949 das Plakat für den ersten internationalen Friedenskongress mit dem Motiv der Taube). Sie zeichnen, malen, dichten oder komponieren für die Entrechteten, für die Menschenrechte und Bewahrung der Schöpfung, gegen Aufrüstung, Kriege, Hunger und Unterdrückung. Dabei sehen sich die Künstler (abgesehen von wenigen Ausnahmen) nicht auf der Seite der Machthaber, sondern auf der Seite des Volkes (Döring 2011).

Politische Kunst und kreative Politik: Leidenschaftlich hat sich Robert Jungk (1990) für die politische Fantasie engagiert. Um das politische Leben unserer Republik lebendiger zu machen, sollten kreative Formen von Bürger-Beteiligung schon von früh an eingeübt werden. Insbesondere der schulische Kunst- und Musik-Unterricht sollten »Räume« werden, in denen die Heranwachsenden von klein an darin begleitet und unterstützt werden, ihre Emotionen und Gedanken über die Welt – ihre Erschütterung, Ängste, Schrecken, Trauer, Empörung, Wut, Scham, Verzweiflung angesichts der Gewalt, Ungerechtigkeit und Naturzerstörung – in kreativer Weise zum Ausdruck zu bringen. Tatsächlich sind zahllose Kunstwerke aus dem Leiden über die Welt entstanden (etwa Guernica von Pablo Picasso), ebenso wie leidenschaftliche Musik (wie z. B. Spirituals, Blues, Rembetiko u. v. a.).

Ein so verstandener Kunst- und Musikunterricht wird durch Lehrpläne durchaus ermöglicht; z. B. in Baden-Württemberg:

Unterrichtsziel sind »freie, handlungsfähige und gesellschaftsfähige Menschen«, die die Welt »erleben und mitgestalten können.« (Ministerium 2004) Auf diese Weise könnte schon von klein an gelernt und eingeübt werden, dass politisches Engagement viel breiter und lebendiger sein kann als das, was traditionellerweise darunter verstanden wird. Es muss, in der Tat, nicht immer ein Brief sein. Kreativität ist in der Arbeit für Frieden, Gerechtigkeit und Naturbewahrung überaus wünschenswert. Dies möchte ich an einigen Aktionen illustrieren:

- Edith E. schildert die Women's Pentagon Action von 1983: »Zuerst wurde Trauer ausgedrückt. Dazu wurden riesige Puppen hereingetragen mit dem Transparent: ›Wir trauern‹. Jede von uns hatte eine Grabtafel vorbereitet in Gedenken an die Frauen, die durch Gewalt getötet worden waren und die wir betrauerten. Meine Tafel lautete: ›Für die drei Frauen, die mein Schwiegersohn in Vietnam getötet hat.‹ Zuerst wertete ich das Ganze ab: Das ist unecht, künstlich, gespielt. Aber dann las ich die Tafel der Frau neben mir und hörte sie weinen, und dann kam die Trauer auch über mich ... Wir waren mehrere Tausend Frauen, und wir drückten etwa eine halbe Stunde lang unsere Trauer aus. Dann kamen die Trompeten und die Ärger-Puppen herein und riefen uns von der Trauer zum Ärger. Ich war vielleicht sauer! Wut! Wut! Wut ... Wir verwendeten Ausdrücke, die wir normalerweise nicht in den Mund nahmen, schlugen auf den Boden, stampften und schrieen. Und schließlich die Ermutigung. Wir marschierten ganz ums Pentagon rum, umkreisten es, belagerten es ...«

- Christiane E. berichtet über eine Aktion, die im September 1983 in Genf stattfand: »Nach sechs intensiven Wochen mit zahlreichen Aktionen an den militärischen Einrichtungen entlang unseres Weges, erreichte unsere Friedenswanderung Genf. Vor der sowjetischen Militärmission, die damals mit den USA über die nuklearen Mittelstreckenraketen (INF-Verträge) verhandelte, standen wir im Kreis, vielleicht hundert Menschen, Körper eng an Körper, die Köpfe leicht nach vorne gebeugt, eine Höhle bildend. Ich singe den Ton ganz aus der Mitte meines Körpers zum Klang ›A‹ – jede/r von uns singt seinen oder ihren Ton aus der Mitte. Diese hundert Klänge verschmelzen zu einem gemeinsamen Klang: Wir singen – tönen – atmen einen gemeinsamen Klang: schrill, dissonant und kraftvoll, wie ein unsichtbarer Körper, der zwischen uns ist, nein, der wir sind: ein Klang-Körper. Wie das verwirrende Summen und Sirren, wenn Du inmitten eines Bienenschwarms bist, der auch mehr ist als das bloße Summen einzelner Bienenstimmchen.«

- Die Initiative »Exit« unterstützt ausstiegswillige Rechtsextremisten beim Ausstieg. Um ihr Angebot in der rechten Szene bekannter zu machen und jüngere, noch nicht gefestigte Rechtsextremisten anzusprechen, nahm die Organisation mit erfundenen Personalien Kontakt mit der NPD Thüringen auf, die am 6. August 2010 in Gera das Festival »Rock für Deutschland« veranstaltete. Den Veranstaltern wurden bedruckte T-Shirts als anonyme Unterstützung angeboten, die von den Organisatoren an die Festival-Besucher verteilt wurden. Die Shirts waren martialisch mit Totenkopf und der Aufschrift »Hardcore Rebellen. National und frei« bedruckt. Nach dem Waschen stand da allerdings: »Was Dein T-Shirt kann, kannst Du auch. Exit: Wir helfen Dir, Dich vom Rechtsextremismus zu lösen www.exit-deutschland. de.« Selbst ein Mitglied der rechten Szene schrieb später anerkennend: »Aber man muss ihnen anrechnen das se manchmal auf gute ideen kommen.« (Initiative 2011, 10)

- Sommer 2011: Bei den Protesten gegen das Regime von Baschar al-Assad engagiert sich eine Gruppe syrischer Studenten und Akademiker mit besonderem Einfallsreichtum.

Etwa indem sie Transparente mit großen Helium-Ballons aufsteigen lassen; seit die Polizei die Ballons herunterschießt, werden sie von den Aktivisten mit winzigen Flugblättern gefüllt, die auf den Boden rieseln. Oder indem sie 5.000 Pingpongbälle per Filzstift mit Forderungen nach Gerechtigkeit und Freiheit beschriften. Damit fahren sie an den Rand des Luxusviertels Malki, gelegen auf einem Hügel über Damaskus. Das Auto hält für wenige Augenblicke, die Tür wird geöffnet und 5.000 Pingpongbälle rauschen hügelab, vorbei an Assads Villa (Pingpongbälle 2011, 112).

4. Zweifel am Erfolg

Hoffnung ist nicht die Überzeugung, dass etwas gut ausgeht, sondern die Gewissheit, dass etwas Sinn hat – ohne Rücksicht darauf, wie es ausgeht.

Vaclav Havel

Viele Menschen bringen sich mit ihren Emotionen, Gedanken und ihrer Kreativität nicht in die Gesellschaft ein, weil sie sich sagen: »Was bringt das schon? Der Einzelne kann sowieso nichts bewirken!« Hinter dieser Haltung steht eine Erfolgserwartung, die charakteristisch für die modernen westlichen Gesellschaften ist: Wir sind darin eingeübt, nur dann zu handeln, wenn absehbar ist, dass diese Tat erfolgreich sein wird. So würde man z. B. nur ein bestimmtes Produkt herstellen, wenn auch die Aussicht besteht, dass es dafür genügend Kunden und demzufolge Gewinne gibt.

Tatsächlich fühlen sich Erfolge sehr angenehm an. Wenn wir mit einer Handlung erfolgreich waren, wird ein körpereigenes Belohnungssystem aktiviert. Dieses bewirkt, dass vom Gehirn vermehrt der Botenstoff Dopamin ausgeschüttet wird, der Glücksgefühle produziert: Erfolg macht glücklich.

Es gibt jedoch Situationen, in denen die Auswirkungen unseres Handelns nur schwer abzuschätzen sind oder, wenn überhaupt, vielleicht erst sehr viel später sichtbar werden. Vor allem in Bezug auf die globalen Krisen und Katastrophen erscheint die Chance äußerst gering, erfolgreich zu sein: Was könnte ein einzelner Mensch schon tun, um die Gewalt in der Welt zu stoppen, den Klimawandel zu verhindern, die Armut in der Welt zu beenden (um hier nur einige der Problemfelder zu nennen)? Insofern scheint der pessimistische Einwand gerechtfertigt: »Was bringt es schon, sich zu engagieren?!«

Freilich kommt es darauf an, was wir unter »Erfolg« verstehen. Der pessimistische Einwand ist nur plausibel, solange

Erfolg als etwas »Äußerliches« definiert wird: Solange er daran gemessen wird, inwieweit das eigene Handeln andere Menschen bzw. die Welt verändert hat (bzw. ob unser »Produkt« von genügend vielen »Kunden« gekauft wurde und »Gewinn« eingebracht hat).

Es gibt freilich eine ganz andere Definition von Erfolg, die für die Haltung der Hoffnung grundlegend wichtig ist: Demnach liegt der Erfolg unseres Handelns ganz allein in der Tatsache, *dass* wir handeln – unabhängig davon, inwieweit damit die Welt verändert wird. Daniel Berrigan (1999) spricht von der Verführung durch die Idee, gute Werke müssten schnelle, sichtbare Veränderungen bewirken. Dagegen setzt er »die ältere spirituelle Vorstellung, dass gute Werke in sich selbst gerechtfertigt sind und die Resultate in anderen Händen liegen. (...) Es ist nicht unsere Aufgabe, populär zu sein oder als wirkungsvoll zu gelten, sondern die tiefsten, uns bewussten Wahrheiten auszusprechen. Wir müssen unser Leben gemäß diesen tiefsten Wahrheiten gestalten, auch wenn dies keine sofortigen Erfolge in unserer Welt hervorbringt.«

Diese Haltung kommt auch in dem Satz zum Ausdruck, der Martin Luther zugeschrieben wird: »Und wenn ich wüsste, dass morgen die Welt unterginge, so würde ich heute noch ein Apfelbäumchen pflanzen.« Elie Wiesel (zit. in: Feldmann 2010, 21) sagt über sein Engagement: »Anfangs glaubte ich, ich könnte die Menschheit ändern. Heute weiß ich, dass ich dazu nicht in der Lage bin. Durch meine Worte, durch meinen Protest will ich die Menschheit daran hindern, dass sie am Ende mich verändert.«

Die Informationen darüber, dass die Erde in einem katastrophalen Zustand ist, sind verfügbar und bekannt. Darüber informiert zu sein und dennoch nichts zu tun ist im Grunde eine Verletzung unserer eigenen Integrität und mit Schamgefühlen verbunden. Aus psychologischer Sicht sorgt die »Gewissens-Scham« dafür, dass wir unseren ethischen Werten und Idealen treu bleiben; sie ist die Hüterin unserer moralischen Integrität

(Marks 2011b, 33f.). Ein gesundes Maß dieser Scham bewirkt, dass wir uns so verhalten, dass wir uns künftig nicht vor uns selbst schämen müssen; dass wir uns selbst im Spiegel in die Augen schauen können, weil wir mit unserem Gewissen im Reinen sind.

Menschen handeln ja nicht moralisch, weil sie das Strafgesetzbuch oder die Zehn Gebote auswendig gelernt haben: Du sollst nicht stehlen, nicht töten usw.. Vielmehr entwickelt sich das moralische Bewusstsein wesentlich aus frühen Erfahrungen von Schuld und Scham. Dazu ein einfaches Beispiel:

Ein kleiner Junge hat etwas gestohlen; im Nachhinein schämt er sich dafür. Unter günstigen Umständen – etwa unterstützt durch ein vertrauensvolles Gespräch mit einem Mentor – kann diese Scham zur Schuld-Einsicht und Reue sublimieren. So verändert sich der Heranwachsende (Tiedemann 2006); er wird fähig, dem geschädigten Mitmenschen seine Schuld und Reue einzugestehen, um Vergebung zu bitten und Wiedergutmachung anzubieten. Wird diese gewährt und angenommen, dann sind Täter und Opfer versöhnt und können ihre Beziehung neu beginnen.

So wird durch die Gewissens-Scham, gerade *weil* sie so schmerzhaft ist, moralische Entwicklung und Versöhnung angestoßen. Im Rückblick sind es genau solche Erfahrungen, aus denen wir Menschen unsere Moralität aufbauen. Dies sind die Identitätsnarben, ohne die wir nicht die geworden wären, die wir heute sind, wie die Psychologen Fritz Oser und Maria Spychiger (2005) schreiben. Der Pädagoge Janusz Korczak (2001) ist sogar überzeugt, dass ein Kind, das niemals gelogen oder gestohlen hat, kein moralischer Mensch werden kann.

Von einem solchen konstruktiven Umgang mit Schuld und Gewissens-Scham sind wir, die Bewohner der wohlhabenden »Ersten Welt«, in einer Hinsicht weit entfernt: Unsere Schuld gegenüber den Menschen in der sogenannten »Dritten Welt«, gegenüber der Mit-Schöpfung und gegenüber den kommenden Generationen ist so groß und unversöhnt, dass daneben selbst die Verbrechen unserer Vorfahren während des Nationalsozialismus geringfügig erscheinen. Denn unser heutiger Wohlstand beruht zu großen Teilen auf der rücksichtslosen Zerstörung von Natur und der Lebenschancen der Menschen anderer Länder und kommender Generationen: Wir sind reich, *weil* sie arm sind bzw. arm sein werden.

Um dies nur an einem Beispiel unter vielen zu illustrieren: Das radioaktive Plutonium ist so extrem giftig, dass theoretisch ein Kilogramm ausreichen würde, um die ganze Menschheit zu töten. Nichtsdestotrotz werden seit Beginn des Atomzeitalters ungezählte Mengen Plutonium produziert; allein die USA besitzen mehr als 100 Tonnen; in den Atomreaktoren der Welt entstehen jährlich ca. 20 weitere Tonnen (Rutherford 2012).

Wie gedankenlos die Betreiber mit Plutonium umgehen, erwies sich z. B. 2009 im Atommüll-Lager Asse. Statt, wie angenommen, »nur« 9 Kilogramm lagern dort 28 Kilo Plutonium – die Differenz sei durch einen »Übertragungsfehler« zu erklären, erklärte das Bundesumweltministerium (dpa-Meldung vom 29.8.2009). Die Frage der Entsorgung dieses hochgiftigen Stoffes ist völlig ungelöst. Ungezählte Mengen an Plutonium sickern seit Jahrzehnten, Tag für Tag, in Erde, Grundwasser und Meere; sie verteilen sich über den Planeten und gelangen dadurch in die Nahrungskette. Die Halbwertszeit beträgt 24.000 Jahre; das bedeutet, dass nach 24.000 Jahren z. B. von den 28 Kilo Plutonium immer noch 14 Kilo übrig sein werden.

So sind wir, Bewohner der »Ersten Welt«, durch unseren hohen Lebensstandard daran beteiligt zu stehlen, zu betrügen und zu töten – auch wenn dies zum Teil verborgen hinter scheinbaren »Sachzwängen« (»der Energiebedarf«) geschieht und mittels wirtschaftlicher und politischer Strukturen, die zu Lasten der Armen und der künftigen Generationen gehen. Über diese Zusammenhänge werden wir Tag für Tag informiert bzw. diese Informationen sind frei verfügbar. Nur: Wollen wir all das auch wirklich so genau wissen?

Dies erinnert mich an die Argumente, mit denen viele Anhänger des Nationalsozialismus nach Kriegsende ihr Engagement für Hitler und das »Dritte Reich« zu rechtfertigen suchten: man habe doch »nichts gewusst« (Marks 2011a).

Etwas ist grundlegend falsch mit der Art und Weise, wie wir mit dem »Rest der Welt« und den Generationen nach uns umgehen. Der ehemalige UN-Sonderberichterstatter für das Recht auf Nahrung Jean Ziegler (2007) bezeichnet die globale Weltordnung als »Imperium der Schande.« Mein Eindruck ist, dass in unserer Gesellschaft massive Gewissens-Schamgefühle über diese Zusammenhänge bestehen, die jedoch verdrängt und abgewehrt werden. Etwa indem sie auf die Armen projiziert werden, die zynisch verachtet werden (»selber schuld«) oder durch rücksichtsloses Streben nach Erfolg, Macht und Besitz, wodurch der unheilvolle Teufelskreis von Scham und Konsumismus immer noch weiter angeheizt wird (Marks 2011b, 144).

Von dieser Scham kann man sich jedoch, so Cyrulnik (2011, 36) »befreien, indem man den Schwachen und den Unterdrückten zu Hilfe kommt.« Sich für Frieden, Gerechtigkeit und Naturbewahrung einzusetzen, trägt dazu bei, die eigene Integrität – und damit Würde – zu retten. Diese Arbeit ist sinnvoll; sie zu leisten *ist* ein Erfolg – ganz unabhängig davon, was das eigene Handeln am Ende bewirkt. Denn Sinn und moralisches Handeln lassen sich nicht nach der Logik von »Gewinnorientierung« bewerten. Fulbert Steffensky (2010, 53) plädiert dafür, die Frage nach dem Erfolg ganz zu vergessen, weil sie nicht beantwortbar ist: so »zu handeln, als gäbe es einen guten Ausgang« – dies sind wir unseren Nachkommen und uns selber schuldig. »Man entwürdigt sich und spricht sich selber Subjektivität ab, wenn man die Dinge zu ihrem Unglück treiben lässt. Wir ehren uns selber, indem wir uns als Handelnde begreifen; als Menschen, die die Fähigkeit und den Auftrag haben, das Leben zu schützen. Nicht allein der Erfolg rechtfertigt, was ein Mensch tut. Es gibt Handlungen, die in sich selbst gerechtfertigt sind.«

Ohne eine solche Umdefinierung dessen, was unter »Erfolg« zu verstehen ist, kann es meines Erachtens keine Hoffnung geben. Es dürfte kein Zufall sein, dass der verbreitete Mangel an Hoffnung in unserer Gesellschaft mit einem anderen Mangel einhergeht: Begriffe wie Integrität, Würde und Scham gelten weitgehend als »altmodisch« und sind z. B. in Medien, öffentlichen Diskursen und in der Forschung kaum ein Thema. Zu gleicher Zeit gehört es fast zum guten Ton, dass diejenigen Menschen, die sich für Frieden, Gerechtigkeit oder Naturbewahrung engagieren, verhöhnt werden als »widerborstige Modernisierungs-Blockierer« (Bartsch u. a. 2010), »Jammerer« (Lohstroh / Thiel 2011) und »Gutmenschen« (Bittermann 1994). Ihnen wird unterstellt, »nur zur Gewissensberuhigung« zu handeln. Nur?

Tatsächlich ist die Sehnsucht nach Integrität und damit Würde ein menschliches Grundbedürfnis. Sie ist eine der machtvollsten Antriebe überhaupt, stärker als das Streben nach Geld oder kürzeren Arbeitszeiten. Vielleicht sogar stärker als Hunger, denn »ohne Brot kann der Menschen leben, aber nicht ohne Würde.« (Khadra 2006, 239)

Daher setze ich Hoffnung vor allem auf diejenigen sozialen Bewegungen, die aus dem menschlichen *Hunger nach Würde* erwachsen. Der Weg ist das Ziel: Ein solches Handeln ist immer erfolgreich, insofern es die selbstentwürdigende Haltung des »Man kann ja doch nichts ausrichten.« überwindet. Und so paradox das zunächst klingen mag: Ich habe oft die Erfahrung gemacht – und viele andere Engagierte haben dies bestätigt –, dass ein (äußerlich verstandener) Erfolg des eigenen Handelns sich umso eher dann einstellen kann, je weniger ich von Anfang an darauf abgezielt habe, in diesem Sinne erfolgreich zu sein.

Für Joanna Macy besteht wirkliche Freiheit darin, zu leben und zu handeln, »ohne vom Erfolg dieser Handlung abhängig zu sein.« Sie ermutigt die Menschen, darauf zu vertrauen, »dass Euer Engagement wirkt, auch da, wo Ihr die Wirkung (noch) nicht sehen könnt.« (zit. in Schellhorn 2010, 21). Denn meistens entziehen sich die Auswirkungen unseres Handelns ohnehin unserer Wahrnehmung. So können wir nie wissen, was z. B. ein politischer Brief bei einem Leser oder einer Leserin auslöst. Damit komme ich zur Übung am Anfang des zweiten Teiles dieses Buches zurück:

Darin hatte ich Sie angeregt, ausgehend von einer Nachricht, die Sie in besonderer Weise berührt, einen Brief an Ihre Zeitung oder Abgeordnete zu formulieren. Daran anschließend wurden drei Blockaden diskutiert, die viele Menschen am Verfassen eines solchen Briefes hindern: Die Angst davor, eine abweichende Meinung öffentlich zu machen sowie die Zweifel an den eigenen Fähigkeiten und am Erfolg. Ich hoffe, diese Abschnitte konnten Ihre Zweifel ein wenig relativieren.

Daher möchte ich Sie nun ermutigen, Ihre Notizen wieder aufzugreifen und daraus etwas zu gestalten: in einem Medium, das Ihnen vertraut und wichtig ist; vielleicht eine Skulptur, eine Melodie oder ein Plakat. Wenn es z. B. ein Text wird, dann darf dieser auch kurz und unperfekt sein. Denn Sie müssen darin nicht nachweisen, dass Sie (um das Beispiel Atomenergie zu nehmen) Experte in Atomphysik *und* in AKW-Kühltechnologie *und* in Erdbebenkunde *und* in Strahlenmedizin usw. sind. Ich kenne viele politisch engagierte Menschen, die sich ein unglaubliches Expertenwissen angeeignet haben; dies ist anzuerkennen.

Umfangreiches Wissen darf jedoch nicht die Voraussetzung sein, *ehe* wir uns überhaupt äußern, zumal nicht jeder die Möglichkeiten hat, sich umfassend zum Experten weiterzubilden. Zumal Expertenwissen nicht vor verhängnisvollen Fehlern schützt, wie z. B. Tschernobyl und Fukushima zeigen (Weber 2011, 30). Harald Welzer (zit. in Weber 2010, 31) warnt vor allzu großer Ehrfurcht gegenüber sogenannten »Experten« und ermutigt die Menschen, ihrem eigenen Urteil zu trauen: »Die Entscheidung, ob etwas richtig oder falsch sein könnte, bemisst sich nach anderen Kriterien, zum Beispiel: ob es schädlich ist, ob es gefährlich ist, ob es zukunftsbehindernd ist.«

Als Bürger der Bundesrepublik Deutschland ist jeder von uns mitverantwortlich für die Gestaltung unserer Gesellschaft und unseren Umgang mit der Schöpfung. Was wir dazu fühlen, denken und erhoffen: darin ist jeder Mensch sein eigener Experte. Und genau das sollte im Text zum Ausdruck kommen. Lassen Sie den Entwurf eventuell über Nacht liegen. Zeigen Sie ihn einer Person Ihres Vertrauens und bitten um Rückmeldung. Entsprechend überarbeiten Sie den Text und schicken ihn weg. Nun dürfen Sie Ihren Erfolg genießen – ganz unabhängig davon, ob Sie je erfahren, was Ihre Aktion vielleicht bewirkt hat.

In den folgenden Abschnitten möchte ich versuchen, die Haltung der Hoffnung noch etwas klarer herauszuarbeiten. Als Ausgangspunkt wähle ich einen Satz, den ich bei politischen Versammlungen, Informations-Ständen, Diskussionen und anderen Aktionen unzählige Male gehört habe: »Dagegen muss man doch etwas tun!«

In diesem Satz drückt sich zunächst eine Absicht aus, aktiv zu werden, sich zu engagieren. So weit, so gut. Auch Empörung kann ein wichtiger erster Schritt sein, ein Anfang – aber noch nicht der Weg. Denn so begrüßenswert der erste Impuls ist, sich zu engagieren – so wesentlich ist es auch, ihn in konstruktiver Weise zu gestalten.

Im genannten Satz zeigt sich bei genauerer Betrachtung eine Haltung, welche die Gefahr in sich birgt, dass die betreffende Person früher oder später ausbrennt und in Pessimismus verfällt. Schon manch gutgemeinter Aufbruch ist in vermeidbare Enttäuschung umgeschlagen. Daher lohnt es sich, die *Haltung*, mit der Menschen sich engagieren, sorgfältig anzuschauen.

5. »Dagegen«

> *Wenn Du ein Schiff bauen willst,*
> *so trommle nicht Männer zusammen,*
> *um Holz zu beschaffen, Werkzeuge vorzubereiten,*
> *Aufgaben zu vergeben*
> *und die Arbeit einzuteilen, sondern lehre die Männer*
> *die Sehnsucht nach dem weiten endlosen Meer.*
> Antoine de Saint-Exupéry

Beginnen wir mit einer kleinen Übung: Sprechen Sie das Wort »Nein!« aus und beobachten Sie dabei Ihre Stimme, Körperhaltung und Empfindungen. Anschließend tun Sie dasselbe mit dem Wort »Ja!« Wechseln Sie ein paar Mal zwischen den beiden Worten. Sie werden wahrscheinlich bemerken, dass Ihre Stimme und ihr Körper beim »Ja!« klarer und kräftiger sind und dass sich dieses Wort viel offener und »bereit für Neues« anfühlt als das »Nein!«

Eine weitere Übung (nach Payne 1981, 38), zu der Sie die Mitwirkung einer zweiten Person benötigen, die vorzugsweise etwa dieselbe Größe und Muskelstärke haben sollte. Vereinbaren Sie zunächst, wer von Ihnen zuerst die Rolle A und wer die Rolle B einnimmt.

Im ersten Schritt strecken Sie (Person A) Ihren rechten Arm aus, und Person B versucht, diesen Arm zur Seite zu drücken. So gewinnt B einen ungefähren Eindruck von der Stärke Ihrer Arm-Muskulatur. Im zweiten Schritt suchen Sie zunächst nach einem Standpunkt, von dem aus Sie einen Berg in der Ferne (oder einen kräftigen Baum, ein großes Gebäude oder dgl.) sehen können. Atmen Sie nun mehrere Male tief ein und aus. Dann stellen Sie sich fest hin, die Füße etwa schulterbreit auseinander. Stellen Sie sich vor, wie Ihre Beine zu Wurzeln werden, die sich tiefer und immer tiefer in die Erde eingraben und ganz weit verzweigen. Wenn Sie sich in Ihrer Fantasie ganz tief und fest in der Erde verwurzelt haben, strecken Sie Ihren rechten Arm aus und lassen ihn in Gedanken länger und immer länger werden: bis hin zum Berg (oder Baum ...), an den Sie sich in Ihrer Vorstellung festklammern. Wenn Ihre Beine in der Erde fest verwurzelt sind und Ihr Arm mit dem Berg vereint ist, dann geben Sie B ein Zeichen. Nun versucht B, Ihren Arm zur Seite zu drücken, während Sie fest verwurzelt und eins mit dem Berg bleiben.

Anschließend wechseln Sie die Rollen. Danach tauschen Sie sich aus: Wie war die Erfahrung in den beiden Haltungen, und welche Unterschiede in der Muskelstärke hat der Partner dabei beobachtet?

In den meisten Fällen ist der Unterschied beträchtlich. Dies ist ein Hinweis darauf, dass Menschen sehr viel stärker sind, wenn sie sich mit einem *positiven* Ziel identifizieren, welches sie im Blick behalten, an dem sie sich »festhalten«, auf das hin wir uns engagieren. »Ja!« zu sagen zu einem positiv definierten Ziel ist kraftvoller als sich in einem »Nein! Weg mit ...! Nieder mit ...!« zu erschöpfen.

Diese Beobachtung ist auch für die politische Arbeit von großer Bedeutung. Aktionen und Kampagnen sind wesentlich wirkmächtiger, wenn sie von einer positiven Zielsetzung getragen sind, von einer Vision, nach der wir uns sehnen. Auch wenn es aktuell notwendig sein mag, negative Aussagen oder Zwischenziele zu formulieren (z. B. »AKW Fessenheim ausschalten!«), so sollte dieses »Nein« doch in einem letztendlichen »Ja« zum Leben gegründet sein. Hierzu ein Beispiel:

Der Flathead River ist ein Fluss von paradiesischer Schönheit; er mäandert durch die hügelige Prärielandschaft der Salish and Kootenai Indian Reservation im US-Staat Montana, vorbei an Pappelwäldchen und den eindrucksvollen Mission-Mountains im Hintergrund. Die Flussufer sind Zufluchtsorte für Adler, Biber, Schwarz- und Grizzlybären, Stachelschweine und viele andere Wildtiere.

Im Frühjahr 1986 wird publik, dass eine Elektrizitätsgesellschaft plant, ein Wasserkraftwerk zu errichten und dazu den Flathead auf Dutzenden von Meilen aufzustauen. Damit wäre ein wunderschönes Stück Natur unwiderruflich zerstört. Eine Handvoll Bewohner aus der Reservation kommen zusammen, um zu versuchen, das Vorhaben zu verhindern. Stunde um Stunde diskutieren wir die ganze Palette der üblichen Protestformen – Demonstrationen? Protestplakate? Mahnwachen? Flugblätter? usw. –, sind aber mit allen Ideen nicht recht zufrieden. Alle diese Aktionen erscheinen uns als zu negativ; dies drückt sich auch in einer zunehmend gedrückten, lustlosen Stimmung in der Gruppe aus.

Während des Brainstormings entsteht plötzlich die Idee, die Schönheit des Flusses in den Mittelpunkt unserer Kampagne zu stellen. Mit neuer Energie gehen wir an die Planung einer Aktion, die auch im Einklang mit der Tradition der Stämme stehen würde: einem River Honoring, einer Ehrung des Flusses. Wenige Wochen später, an einem Wochenende im Juni, kommen viele Menschen aus der ganzen Reservation zusammen, um die Schönheit des Flusses zu feiern. In Schwitzhütten reinigen sich die Teilnehmenden auf traditionelle Weise; ein spiritueller Führer spricht ein Gebet; ein Büffel, gespendet von der Pine Ridge Indian Reservation in South Dakota, wird in einer Erdgrube gegart und beim Fest gemeinsam gegessen; gegen Abend wird getanzt zur Trommel einer indianischen Musikgruppe …

Der Bau des Kraftwerkes wurde verhindert!

Positive Ziele sind wichtig, weil Sehnsucht eine große Kraftquelle ist. Nach Ansicht des Neurobiologen Gerald Hüther (zit. in Laurenz 2010b, 50) zeigt sie uns, »wie es eigentlich sollte.« Zwar kann die Sehnsucht nach Menschlichkeit im Laufe eines Lebens verschüttet werden; vielleicht hat ein Mensch sich schon fast damit abgefunden, dass das Ersehnte unerreichbar ist. Und unerwartet stellt man plötzlich fest: »Da ist es ja! Es geht ja doch! In so einem Moment wird das Bild erschüttert, das man von sich selbst gemacht hat« (Laurenz 2010b, 52), und der Mensch ist gerührt; Tränen fließen, die Augen leuchten, die harten Umrisse des eigenen Ich werden weicher und machen Platz für etwas Größeres.

Hüther hält dieses Gefühl für sehr bedeutsam, weil es uns ermutigt, die Welt mit anderen Augen zu betrachten und uns noch einmal auf den Weg zu machen. Dabei kommt es im Gehirn zu einer wahren Kaskade von Reaktionen mit der Folge, dass bestimmte Zellen sich für Neues zu öffnen beginnen. Werden solche tiefen Gefühle geweckt, dann werden im Gehirn auch die emotionalen Zentren aktiviert und neuroplastische Botenstoffe ausgeschüttet.»Diese haben die Eigenschaft, dass sie die nachliegenden Zellen so verändern, dass diese anfangen, neue Verbindungen herzustellen«, so Hüther (zit. in Laurenz 2010b, 52).

Es ist der große Verdienst von Ernst Bloch (1985), das reiche Füllhorn an Sehnsüchten, Wünschen, Bildern, Utopien und Visionen, die die Menschheit geschaffen hat, zusammengetragen und diskutiert zu haben. Diese sind nicht nur für das Individuum wichtig, sondern auch für eine Gesellschaft. Auch C. G. Jung unterscheidet zwischen »kleinen« und »großen« Träumen. Erstere sind für den Einzelnen relevant (und daher Thema in der psychotherapeutischen Arbeit), letztere jedoch sind bedeutsam für eine Gruppe, Gesellschaft oder die Menschheit. Sie gehen »über die persönliche Problematik des individuellen Träumers hinaus und sind der Ausdruck von Problemen, die in der ganzen Menschheitsgeschichte immer wiederkehren und das ganze Menschenkollektiv angehen. Sie haben oft prophetischen Charakter«, so die Jung-Schülerin Jolande Jacobi (1987, 75).

Alle Menschen können solche Träume haben, jedoch haben viele nicht gelernt, an ihre Vision zu glauben und diese zu entwickeln. So wie z. B. die junge Nonne, die in Kalkutta einen Orden gründen möchte, um den Sterbenden zu helfen: Als sie ihrem Bischof diese Idee vorträgt, lacht er sie aus. Die Nonne bleibt jedoch ihrer Vision treu und wird später als Mutter Teresa bekannt.

Visionäre beschreiben die Quelle ihrer Inspiration mit Begriffen wie innere Stimme, Intuition oder Geistesblitz. Solche Erfahrungen sind freilich nicht »machbar«, sondern *können* sich ereignen: wenn das Bewusstsein zur Ruhe kommt (Ferguson 1990). In vielen Kulturen (z. B. bei nordamerikanischen Ureinwohnern) gibt es Rituale wie die Visions-Suche (»vision quest«), mit deren Hilfe ein Heranwachsender Visionen erfahren kann, die seine Person (z. B. seinen Namen) betreffen, unter Umständen aber auch das Schicksal des Stammes. In vielen Gesellschaften gibt es Seher (wie z. B. den blinden Teiresias in der griechischen Mythologie); von großer Bedeutung für die US-Bürgerrechtsbewegung war Martin Luther Kings großer Traum, der seiner berühmten Rede »I have a dream« zugrunde liegt (siehe Seite 28).

Demgegenüber ist es ein Anzeichen für die Krisenhaftigkeit einer Gesellschaft, wenn sich ihre Visionen in negativen Katastrophenszenarien erschöpfen und positive Visionen »unerwünscht« sind (wie Kessler [2011c, 26] heute beobachtet) oder verachtet werden: »Wer Visionen hat, soll zum Arzt gehen!« (Helmut Schmidt).

Im Alten Testament heißt es: »Ein Volk, das keine Vision hat, geht zugrunde.« (Sprüche 29,18). Gerade in Krisenzeiten, so Harald Welzer (2009, 133), zeigt es sich, wie fatal es ist, »wenn ein politisches Gemeinwesen keiner Idee folgt, was es eigentlich sein will. Gesellschaften, die die Erfüllung von Sinnbedürfnissen ausschließlich über Konsum befriedigen, haben in dem Augenblick, in dem mit einer funktionierenden Wirtschaft auch die Möglichkeit wegbricht, Identität, Sinn und Glücksgefühle zu kaufen, kein Netz, das ihren Fall aufhalten würde.« Nach Einschätzung des Konsumforschers Stephan Grünewald (zit. in: Müller / Tuma 2010, 65) leben wir »in einem visionären Vakuum und sind shoppend auf Sinnsuche.«

Die Kluft zwischen positiver Vision und der Banalität des

Shoppings wird in einer Aktion erlebbar gemacht, die für mich von geradezu prophetische Qualität ist: In der Fastfood-Zone eines vorweihnachtlichen Einkaufszentrums stehen nach und nach die Mitglieder eines Chores auf und singen das Halleluja aus Georg Friedrich Händels Oratorium »Der Messias«. Die Aktion wurde inzwischen in verschiedenen Einkaufszentren und Flughäfen wiederholt, sie ist auch im Internet zu sehen. (Alleluja 2010)

»Dagegen« oder »dafür«? Diese Frage ist von fundamentaler Bedeutung für die Vorstellungen, die wir uns von unserem Weg in die Zukunft machen. So hinterfragt z. B. Wolfgang Kessler (2011b, 10) die »Immer mehr«-Haltung der westlichen Überflussgesellschaften: »Das Ende der billigen Energie fordert diesen Materialismus heraus. Ständig Neues zu produzieren, Altes schnell wegzuwerfen, irgendwo auf der Welt spottbillig arbeiten zu lassen und die Erzeugnisse zu uns zu transportieren – all das wird künftig teurer. Der materielle Wohlstand wird bei Weitem nicht mehr derart wachsen wie in den vergangenen Jahrzehnten, wenn überhaupt. (…) Wenn das ›Immer mehr‹ als Ziel des Lebens ausfällt, was tritt dann an dessen Stelle?«

Es liegt nahe, die Alternative zum »Immer mehr« in einem »Weniger« zu sehen. Folgerichtig erschöpfen sich viele Beiträge zur Energiekrise darin, von den Menschen Konsumverzicht einzufordern. So etwa der Erzbischof Ludwig Schick (zit. in: Kessler 2011b, 10): »Wir brauchen größere Bescheidenheit in allem, was wir tun, in allem, was wir verbrauchen.«

Verzicht ist jedoch ein Negativ-Ziel und es erscheint mir zweifelhaft, wie ein solches für Milliarden von Menschen anziehend gemacht werden könnte. Zumal Verzicht in der westlichen Welt bereits seit Jahrhunderten propagiert wird: Im Grunde steht diese Haltung genau am Anfang der Entwicklung des Kapitalismus, wie Max Weber (2000) in seiner Analyse der protestantischen Ethik belegt. Eben diese asketische Verzichts- und Arbeitsethik hat die gierige Unersättlichkeit des »Immer mehr« ja erst hervorgerufen (ich komme auf Seite 101 darauf zurück); noch mehr Verzicht wird diese Unersättlichkeit daher kaum überwinden können.

Tatsächlich bewegen sich beide Haltungen – »immer mehr« wie auch »immer weniger« – auf derselben Ebene von *Quantitäten*. Die echte Alternative besteht vielmehr in einer veränderten *Qualität*. So könnte an die Stelle des Lebenszieles »Immer mehr konsumieren« ein *anderes* Verhältnis zum Leben treten: *Sein* statt *Haben* (Fromm 1991). Nicht zunehmende Anhäufung von Waren, sondern ein qualitativ verändertes Leben: reicher an Werten und Zielen, so der Philosoph Arne Naess. »Langsamer – weniger – besser – schöner«, wie der Künstler und Soziologe Hans Glauber vorschlägt. Schon 1973 veröffentlichte der Ökonom Ernst Friedrich Schumacher (deutsch: 1977) seine Vision eines Wirtschaftssystems, das sich an Sinn und dem »menschlichen Maß« orientiert: »Small is beautiful«. Die Umweltorganisation BUND wirbt mit dem Slogan »gut leben statt viel haben«.

In einem sauberen Fluss zu baden, in einer duftenden Blumenwiese zu liegen, Stille zu genießen, saubere Luft einzuatmen, reines Wasser zu trinken: dies alles bedeutet einen Gewinn an Lebensfreude, den viele Menschen noch nie erlebt haben. Dieser Gewinn sollte bei den Debatten über die Zukunft der Wirtschaft in den Vordergrund gestellt werden, so die Umwelt-Psychologin Sigrun Preuss (1991).

Vorbild könnte etwa der Himalaya-Staat Bhutan sein, der den Erfolg seiner Politik nicht am Bruttosozialprodukt, sondern am Bruttosozialglück bemisst (Grober 2010, 277f.): am psychischen Wohlbefinden der Menschen, d. h. daran, ob sie in vertrauensvollen, emotional unterstützenden Beziehungen leben, ob sie freien Zugang zu Gesundheit und Erziehung haben, ob sie mit Wohnungen versorgt sind, ob die Kultur bewahrt und die ökologische Vielfalt gewahrt sind und dergleichen (Dasho 2011, 14).

Gewiss müssen wir Lebensstile einüben, die mit geringerem Verbrauch von Ressourcen auskommen; gewisse Wirtschaftsbereiche werden schrumpfen oder absterben. Insofern sind internationale Bewegungen sinnvoll, die »Postwachstum« (englisch: »degrowth«, französisch: »décroissance«) zum Ziel haben. Wesentlich erscheint mir jedoch, die damit verbundenen *Chancen* zu einem anderen Leben herauszustellen: eine Verkürzung von Erwerbsarbeitszeiten, insbesondere entfremdeter Arbeiten, und die Gewinnung einer seelischen Gesundheit, die nur durch die Vereinfachung des Lebens zu erlangen ist, so Fulbert Steffensky (2009, 34). Der Theologe sieht unsere Gesellschaft von einem Allmachtsrausch erfasst: »Mehr, höher, schneller sollte alles sein und gehen.« Wir glauben, alles – die ganze Schöpfung, selbst die Zukunft, habe zu unserer Verfügung zu stehen. Die Alternative besteht darin, dass wir »lernen, dass die größere Lebensintensität und Lebenssüße nicht in der Omnipotenz der Welt gegenüber liegt, sondern in der Geschwisterlichkeit mit ihr.« (Steffensky 2009, 34)

Auch der Ökonom Nico Paech (zit. in: Kern 2011, 23) sieht in der notwendigen Reduzierung des Konsums etwas Positives, insofern die Menschen wieder »Macht über ihr Dasein, mehr Zeitwohlstand« gewinnen. Kern (2011, 23) spricht von einem »Exodus aus der Wachstumsökonomie«, der mit einem »tiefgreifenden kulturellen Wandel einhergehen« müsse. Einige Aspekte eines qualitativ veränderten Lebens wurden an verschiedenen Stellen dieses Buches schon genannt: Sinn, Würde, Stille und Entschleunigung. Somit stehen wir mit einer Haltung, die ich hier als Hoffnung bezeichne, (noch einmal in den Worten von Juan Ramon Jimenez) »schon im neuen Leben«.

6. »muss«

Die Mutter der Ausschweifung ist nicht die Freude,
sondern die Freudlosigkeit.
Friedrich Nietzsche

Das Wort »müssen« lässt an eine Pflichtaufgabe denken. Dies klingt so, als sei es eine Qual und schwere Last, sich für Frieden, Gerechtigkeit und Naturbewahrung engagieren zu »sollen« oder zu »müssen«. Tatsächlich habe ich nicht wenige Demonstrationszüge erlebt, die von einer bleiernen, depressiven Schwere gekennzeichnet waren.

Aber auch Aktionen voller Lebendigkeit, Witz und Lebensfreude; wie etwa die gewaltfreie Blockade des US-Atomwaffenlagers bei Neu-Ulm, Anfang der 1980er-Jahre, die durch das Hinzukommen einer Samba-Trommlergruppe zu einer herrlichen Umtanzung des Militärgeländes wurde. So stelle ich mir unseren Auszug aus dem »Immer-mehr«-Land vor: nicht als trister Protestmarsch, sondern als rauschendes Fest. In Anlehnung an einen Satz, der der US-amerikanischen Friedensaktivistin und Anarchistin Emma Goldman zugeschrieben wird: »An einer Revolution, bei der ich tanzen darf, möchte ich teilnehmen.« Wohlgemerkt: »möchten«, nicht »müssen«!

Schon heute erinnern manche Großdemonstrationen an Karnevals-Umzüge: mit einer Fülle bunter Fahnen und Schilder, Wagen mit riesigen Pappmaché-Figuren, Posaunengruppen, Trommlern, Menschen in fantasievollen Kostümen und Glöckchen, Clowns mit Perücken und roten Nasen und vielem mehr. Vielleicht knüpfen solche Veranstaltungen an die ursprüngliche Bedeutung von Fastnacht, Fasching bzw. Karneval an (mehr jedenfalls als die etablierten, weitgehend alkoholisiert-entpolitisierten Veranstaltungen während der »närrischen Tage«): eine Möglichkeit für die Menschen, ihre politisch bedeutsamen Emotionen zum Ausdruck zu bringen. Ursprünglich war das wohl vor allem die Sehnsucht nach Gleichheit und freier Meinungsäußerung, die während dieser Tage vorübergehend – Ausnahme statt Regel – ausgelebt werden durfte.

Darf politisches Engagement auch Freude machen? Hinter dieser Frage stehen vermutlich tradierte Vorstellungen, wonach die Ernsthaftigkeit eines Menschen an der Griesgrämigkeit seines Ausdrucks zu ermessen sei. Dies dürften Spätfolgen der Bilder sein, die über Jahrhunderte in das kollektive Gedächtnis der westlichen Menschen eingebrannt wurden: die gequälten Gesichtsausdrücke von christlichen Märtyrern. Infolge dieser Tradition gibt es politische Aktionen, die versuchen, bei den Menschen Angst, Druck oder Schuldgefühle auszulösen (in diese Richtung gehen auch Begriffe wie »Umweltsünder«). Damit dürften jedoch langfristig kaum positive Verhaltensänderungen zu erzielen sein (Seitz-Weinzierl 1994, 29).

Seit Augustinus wird den Christen gepredigt, Freude als Sünde zu verachten und zu bekämpfen. Auf diesem Grundprinzip baute die protestantisch-kapitalistische Arbeitsethik auf, indem sie Freude ersetzte durch Arbeit und Gelderwerb, beides als Selbstzweck. Mit der Trennung zwischen Freude und Arbeit wurde der Weg bereitet für entfremdete Arbeit und damit der Entfremdung des Arbeitenden von seiner Tätigkeit, von seinem Produkt, von sich selbst und von seinen Mitmenschen (Jaeggi 2005, 29).

Die Trennung zwischen Freude und Arbeit ist heute so weit verbreitet, dass nur 12 Prozent aller Beschäftigten in Deutschland motiviert bei ihrer Arbeit sind (IFAK 2008). Entfremdet und lustlos zu arbeiten ist zur Selbstverständlichkeit geworden – so dass es vielleicht merkwürdig anmuten mag, dass politische Arbeit auch Freude machen könnte. Ich halte dies jedoch für unabdingbar.

Wie Max Weber (2000, 15) zeigt, besteht die protestantisch-kapitalistische Arbeitsethik wesentlich im »*Erwerb* von *Geld* und immer mehr Geld, unter strengster Vermeidung alles unbefangenen Genießens, so gänzlich aller eudämonistischen [glücksbetonten] oder gar hedonistischen Gesichtspunkte entkleidet, so rein als Selbstzweck gedacht,« demnach also gänzlich getrennt von Empfindungen wie Glück oder Lust. War aber die Fähigkeit, Freude zu empfinden, erst einmal zerstört, dann konnte der eine Selbstzweck (Erwerb von Geld) im Laufe der folgenden Jahrhunderte durch den anderen ersetzt werden: Erwerb von Konsumgütern. Damit sind wir wieder bei der gierigen Unersättlichkeit des »Immer-mehr« angekommen:

Askese und die Unfähigkeit, Freude zu empfinden einerseits sowie Unersättlichkeit (im Arbeiten, Geld-Erwerben oder Konsumieren) andererseits gehören zusammen, sind zwei Seiten derselben Medaille. Das wird eindrücklich in Frederick Turners (zit. in: Fox 1991, 53) Schilderung der freudlosen Männer, die Amerika eroberten: »Die neue Welt erschien denen, die auf Kolumbus und Cortez folgten, wegen ihrer natürlichen Gaben unglaublich. Das Land kündigte sich manchmal meilenweit ins Meer hinein durch einen schweren Duft an. Im Jahre 1524 konnte Giovanni di Varrazano die Zedern der Ostküste hundert Wegstunden weit hinaus riechen. Die Männer von Henry Hudsons Half Moon waren zeitweise wie bezaubert vom Duft der Küste New Jerseys. Und Schiffe, die weiter oberhalb an der Küste fuhren, glitten manchmal durch riesige Flächen schwimmender Blumen. Wo immer sie das Land betraten, fanden sie einen wilden Reichtum an Farben und Klängen, Wild und üppige Vegetation. Wären sie andere gewesen, die sie waren, hätten sie dort vielleicht eine neue Mythologie geschrieben. So aber machten sie nur Inventur.«

Die Inventur mündete in Zerstückelung und Ausbeutung. Innerhalb nur weniger Jahrhunderte sind große Teile der neuen Welt »Untertan« gemacht, abgeholzt, zubetoniert, verwüstet, verslumt, zugemüllt, militarisiert, verseucht und mit Werbung beklebt; die vorherrschenden Düfte und Klänge sind heute Bratfett, Abgase und Motorenlärm.

Für die Tiefenökologin Joanna Macy basiert »die Wachstumsgesellschaft, die es zu überwinden gelte, (…) auf chronischer Unzufriedenheit, auf dem Drang, immer mehr und anderes zu wollen« (Schellhorn 2010, 21). Ein Ausweg aus dieser destruktiven Dynamik könnte in einer Wieder-Entdeckung von Freude bestehen, weil »Schöpfung und Lust zusammengehören«, so Seitz-Weinzierl (1994, 31). Für Fox (1991, 63f.) passt das Schmecken besser zur Schöpfung als das Inventarisieren: »Wenn wir mehr genießen könnten, würden wir weniger kaufen und wären weniger unter Druck, weniger frustriert. Wir würden auch weniger arbeiten und mehr spielen und dadurch mehr Arbeitsplätze für die Arbeitslosen und Unterbeschäftigten in unserer Kultur schaffen. Würden wir mehr genießen, so würden unsere Kommunikation tiefer, unsere Beziehungen voller, unser Wettbewerb geringer und unsere Feiern echter. Wir hätten tieferen Bezug zu uns selbst, zur Schöpfung (…), zum Jetzt und zu Gott. Wir wären in unserer moralischen Empörung stärker verbunden, weil unsere Liebe zum Leben sich so drastisch vertiefte, dass wir gegenüber den Mächten des Todes immer weniger tolerant würden.«

So könnte die Wiedergewinnung der menschlichen Fähigkeit, Freude zu erleben, ein Ausweg aus der Krise darstellen, die aus der »Immer-mehr«-Haltung entspringt – eine echte Alternative zu asketischen Forderungen nach »weniger«. Zugleich ist Freude eine der machtvollsten Emotionen. Sie ist eine Antriebskraft, ohne die Engagierte auf Dauer in Gefahr sind, auszubrennen: Freude beflügelt und verwandelt; sie beschleunigt den Puls; der Atem wird tiefer, die Mundwinkel gehen nach oben, die Augen beginnen zu leuchten, und der Mensch strahlt. Freude hilft, »das ganze Potenzial, das angelegt ist in uns, zu leben«, so die Theologin Annekarin Hannenhofer (zit. in: Laurenz 2010a, 54). Sie lässt uns spüren, dass es etwas Größeres gibt als das, was unseren Alltag sonst beherrscht. Sie ist für den Tanztherapeuten Peter Erlenwein »ein Sprung aus dem Ich-Raum heraus«. Für die Metaphysikerin Jill Möbius bedeutet Freude»die Wahrnehmung der Einheit, der Verbundenheit mit allem Sein, mit der gesamten Schöpfung« (zit. in: Laurenz 2010a, 55).

Auch innerhalb des Christentums gibt es neben der asketischen, Freude verachtenden Interpretation eine andere, lebensbejahende Traditionslinie, welche die Schöpfung als Segen betrachtet und Freude als angemessene Reaktion darauf. So ist etwa Juliana von Norwich überzeugt,»dass Himmel und Erde und die ganze Schöpfung großartig sind, weitherzig und schön und gut … Gottes Güte erfüllt all seine Kreaturen und alle seine gesegneten Werke und fließt endlos in ihnen über.« (zit. in Fox 1991, 53). Für Matthew Fox (1991, 63) ist Freude»eine der tiefsten geistigen Erfahrungen unseres Lebens. Begeisterung, Ekstase ist eine Gotteserfahrung.«

Einige der ekstatischsten Erfahrungen meines Lebens habe ich während fantasievoll-gewaltfreien Aktionen gemacht. Fulbert Steffensky (2010, 53) schreibt:»Wer hofft, ist nicht nur ein ewig Morgiger, der erst Brot essen, Wein trinken und tanzen will, wenn die gute Zukunft da ist. Er feiert im Vorschein. Wir sind auch Heutige, die das Heil herbeitanzen und herbeisingen.«

Wie der Glücksforscher Mihaly Csikszentmihalyi (1995) entdeckt hat, kann sich der von ihm als»Flow« bezeichnete Glückszustand genau dann ereignen, wenn Bewusstsein und Handeln zusammenfließen. Häufig sind beide getrennt; vor allem dann, wenn durch Informationen zwar heftige Emotionen über den Zustand der Welt geweckt werden, die jedoch abgetrennt und nicht in Handeln umgesetzt werden (vgl. Seite 53). Sobald jedoch die Verbindung zwischen Information, Emotion und Handeln wiederhergestellt wird, kann sich diese besondere Form des Glücks einstellen, die es bei gelungenen politischen Aktionen zu erleben gibt.

Zusammenfassend wird also mit der Frage nach der Freude in der politischen Arbeit ein grundlegendes Problem der modernen Gesellschaft berührt. Gegenwärtig wird ja die so genannte »Krise der Arbeit« fast ausschließlich als *quantitatives* Problem debattiert: als Mangel an Arbeitsplätzen bzw. als Frage nach Lohn und deren Besteuerung (FDP-Slogan: »Arbeit muss sich wieder lohnen«). Die eigentliche Krise besteht jedoch, viel grundlegender, in der *Qualität* von Arbeit: in der Entfremdung, die sie bis heute für viele Berufstätige mit sich bringt, mit der Konsequenz, dass viele Menschen sich seelisch und körperlich kaputt machen.

So betrachtet, ist eine nur-quantitative Forderung nach »mehr Arbeitsplätzen« unzureichend; sie ist zu ergänzen um das Bestreben nach einer neuen Qualität: nach Nicht-entfremdeter-Arbeit. Die technischen Voraussetzungen dafür sind durch die Automatisierung von Produktionsabläufen zu großen Teilen geschaffen. Der Weg ist das Ziel: Mit einem politischen, sozialen oder ökologischen Engagement, das Freude macht, ist auch etwas vom »neuen Leben«, ein Stück Zukunft der Arbeit, in die Gegenwart geholt: nicht-entfremdete, sinnvolle Arbeit. Arbeit, die sich lohnt.

7. »man«

Wer ist dieses geheimnisvolle Wesen »man«, das »etwas tun« muss? Das Wörtchen »man« bezeichnet zum einen gesellschaftliche Umgangsformen und Konventionen, etwa wenn man sagt: »Sonntags geht man in die Kirche.« oder »Man spricht nicht mit vollem Mund.« Zum anderen steht »man« auch allgemein und anonym für »die Leute«, somit für: irgendjemanden, jeden, alle und damit letztlich für: niemanden.

Als »man« verschmilzt die betreffende Person mit den Normen und Erwartungen der Gruppe. Von diesen abzuweichen, wäre mit existenziellen Ängsten verbunden. Durch die Anpassung aber wird das Ich, so der Psychoanalytiker Paul Parin (1978, 117f.), »entlastet. Man ist nicht mehr allein, Ängsten ausgesetzt, und die Abwehr gegen frühkindliche Wünsche nach Geborgenheit und Zugehörigkeit ist entspannt. Man ist Rollenträger, nimmt teil an einer Institution, einer Gruppe. Was an Autonomie verlorenging, wird wettgemacht durch neue Arten von Befriedigung, die die Rolle bietet.« Wie Horst-Eberhard Richter in seinem Buch »Bedenken gegen Anpassung« (1995, 142) schreibt, geben die Rollenstereotype z. B. vor, »wie ›man‹ sich als Frau zu verhalten habe«. Sie geben auch vor, wie »man« als Mann aufzutreten habe, um nicht als »unmännlich« beschämt zu werden.

Meine Skepsis gegenüber dem »man« wurde auch durch die Interviews genährt, die wir im Rahmen des Forschungsprojekts ›Geschichte und Erinnerung‹ mit Anhängern des Nationalsozialismus führten (Marks 2011a). Auffallend häufig begründeten die Senior/-innen ihr damaliges Engagement für Hitler und das »Dritte Reich« in »man«-Sätzen – und reagierten dann überrascht, wenn sie nach ihrer *persönlichen* Verantwortung gefragt wurden.

Heute wird von einem wohlangepassten Bundesbürger erwartet, dass »man« arbeitet, konsumiert und seinen privaten

Wohlstand, wie eine Festung, gegenüber dem Rest der Menschheit abschottet. Gerade in den heutigen Krisenzeiten kommt es jedoch notwendig darauf an, dass jeder einzelne Mensch sich von dem, was »man« tut, ein Stückweit frei zu machen vermag. Gerade dann, wenn »man« – die große Mehrheit einer Gesellschaft – Werte vertritt und einen Lebensstil praktiziert, der die Erde stündlich der Klima-Katastrophe näherbringt. Auch dann, wenn die Herausforderung, die vor uns liegt, sehr groß erscheint, wie dies gegenwärtig der Fall ist (geht es doch um nicht weniger als einen kollektiven Lernprozess). Und selbst dann, wenn die Betreffende dabei als »Gutmensch« verhöhnt wird, wie dies gegenwärtig in Deutschland schnell geschehen kann.

Ich

Angesichts dieser Herausforderungen ist auf ein »man« wohl kaum zu hoffen. Aber auf wen dann? Kommt es auf das »Ich« an? Wenn ja: auf welches? Denn »das Ich« ist zunächst eine Abstraktion. Tatsächlich kann das Verhalten von Menschen durch ganz unterschiedliche Bedürfnisse bestimmt werden. Insofern gibt es sozusagen verschiedene Ausprägungen des »Ichs«. So unterscheidet der Psychologe Abraham Maslow (1991) fünf verschiedene Gruppen oder Stufen von Bedürfnissen:

1. Körperliche Existenzbedürfnisse wie die nach Atmung, Nahrung, Gesundheit, Schlaf, Wärme, Wohnraum, Kleidung, Bewegung.
2. Bedürfnisse nach Sicherheit wie z. B. nach Unterkunft, Schutz vor Gefahren, Recht und Ordnung, geregeltem Einkommen und Absicherung.
3. Soziale Bedürfnisse nach Zugehörigkeit zu Familie und Freunden, nach Partnerschaft, Liebe, Intimität, Kommunikation.

4. Bedürfnisse nach Anerkennung, z. B. durch Wertschätzung, Status, Respekt, Auszeichnungen, Lob, Wohlstand, Einfluss, Erfolge.
5. Das Bedürfnis nach Selbst-Verwirklichung, d. h. nach Individualität, Talententfaltung, Perfektion, Erleuchtung, Selbstverbesserung, Sinn.

Nach diesem Modell unterscheiden sich Menschen darin, durch welche Bedürfnisse ihr Denken und Verhalten vorwiegend motiviert wird. Allerdings können gesellschaftlich bedrohliche Situationen »bei den meisten Menschen voraussichtlich eine Regression von allen höheren Bedürfnissen auf das mächtigere Bedürfnis nach Sicherheit bewirken.« (Maslow 1991, 70).

Dieses Bedürfnis ist, wie Ulrich Grober beobachtet, in Deutschland (m. E. ist dies eine psychische Nachwirkung unserer Geschichte) ohnehin besonders stark ausgeprägt und wird durch Katastrophen-Meldungen immer noch mehr verstärkt. »Was passiert jedoch, wenn in Zeiten multipler Krisen und Katastrophen der Wunsch nach Sicherheit zur alles beherrschenden Triebkraft wird? Dann bleibt man auf der Stufe der bedingungslosen Sicherung der eigenen Existenz stehen. Die beschleunigte Anhäufung von materiellen Ressourcen dient dann vor allem dem Aufbau und immer perfekteren Ausbau einer *Festung*. Diese soll im Fall des großen Kollaps das Überleben sichern.« (Grober 2011, 63) Damit wird die Überfluss-Ökonomie immer weiter angetrieben.

Hinzu kommt, so Grober (2011, 62), eine »Gier, die uns zum »Immer mehr« treibt. Dieser Trieb ist unersättlich« und wird, meiner Einschätzung nach, auch von einem ungestillten Hunger nach Anerkennung motiviert, der unbewusst und ersatzweise durch den Konsum von Symbolen für Status, Wohlstand, Einfluss und Erfolg kompensiert wird, z. B. durch den Kauf wuchtiger Luxuslimousinen.

Somit sind es vorwiegend Bedürfnisse nach Sicherheit sowie Anerkennung, Status, Wohlstand und Erfolg, die einer ökonomischen Wachstums-Dynamik zugrunde liegen, welche das Ökosystem Erde dem Kollaps immer näherbringt. Ein solches Ich, das nach Sicherheit und Anerkennung hungert, kann ich mir kaum als Hoffnungsträger vorstellen: Materielle Reichtümer sind durch Engagement für Frieden, Gerechtigkeit und Naturbewahrung kaum zu erringen, Erfolge kaum abzusehen. Die Alternative zum »man« sehe ich vielmehr in einem Handeln, das von dem Bedürfnis nach Selbst-Verwirklichung motiviert ist.

Selbst

Der Begriff des »Selbst« wurde vor allem von C. G. Jung tiefenpsychologisch gefüllt, allerdings in anderer Weise als in der Alltagssprache. Dort werden Ich und Selbst oft gleichbedeutend verwendet. Wenn z. B. von christlichen Kanzeln »Selbstlosigkeit« gepredigt wurde, war damit eigentlich Ich-Losigkeit gemeint: gewarnt wurde vor egoistischer Ich-Bezogenheit (was Martin Luther als Sünde des »In-sich-verkurvt-Seins« bezeichnete). Auch hinter mancher »Selbstverwirklichung« verbirgt sich nicht selten narzisstische »Ich-Verwirklichung«.

Im Unterschied dazu versteht Jung (1928, 195) das Selbst als »eine dem bewussten Ich übergeordnete Größe« (um Missverständnisse zu vermeiden, schreibe ich im Folgenden von »Selbst-Verwirklichung«, wenn das Selbst in diesem Jung'schen Sinne gemeint ist): Das Selbst ist das Zentrum der Psyche und zugleich »Ziel des Lebens« (Jung 1928, 263): Vereinigung der Gegensätze, Ganzheit. Dieses Ziel wird durch den Prozess der Individuation oder Selbst-Verwirklichung angestrebt. Jolande Jacobi (1971, 150) schreibt: »Auf die Frage: ›Wer bin ich?‹ oder besser gesagt: ›Wer bin ich außer dem, was ich ohnehin von mir selber weiß?‹ versucht der Individuationsprozess eine Antwort zu geben.«

Durch Selbst-Erkenntnis und -Verwirklichung entsteht, so Jung (1928, 196),»ein Bewusstsein, das nicht mehr in einer kleinlichen und persönlich empfindlichen Ich-Welt befangen ist, sondern an einer weiteren Welt, an der Welt der Objekte teilnimmt. Dieses weitere Bewusstsein ist nicht mehr jener empfindliche, egoistische Knäuel von persönlichen Wünschen (…), sondern es ist eine mit dem Objekt, der Welt, verknüpfte Beziehungsfunktion, welche das Individuum in eine unbedingte, verpflichtende und unauflösbare Gemeinschaft mit ihr versetzt.«

Damit ist ein Mensch beschrieben, der in der inneren und zugleich in der realen, »äußeren« Welt steht, Verantwortung übernimmt und sich einmischt. Ein solches Selbst erlebt soziales oder politisches Handeln »nicht mehr als Gegensatz zur Selbstentfaltung, sondern als deren Ausdruck«, so der Sozialwissenschaftler Tilman Evers (1987, 229).

Symbolische Darstellungen des Selbst gibt es in vielen Kulturen, etwa Yin und Yang, Shiva und Shakti, Sonne und Mond, Hermaphrodit, Mandala oder Kugel. In der westlichen Welt jedoch wurde über Jahrhunderte, durch die vorherrschende Interpretation des Christentums, die Vereinigung der Gegensätze auf ein Jenseits vertagt. Demgegenüber galt die diesseitige Welt mit ihren Konflikten und Problemen als sündig, Anstrengungen zur Verbesserung des Lebens vor dem Tod als »eitel«. Diese Tradition trägt vermutlich mit zu der Verachtung bei, die bis heute oft den Menschen entgegengebracht wird, die sich für *dies*seitigen Frieden, Gerechtigkeit und Naturbewahrung engagieren (»Weltverbesserer«).

Eine Nachwirkung dieser Tradition ist auch die verbreitete Auffassung, wonach Selbst-Verwirklichung und politisches Engagement miteinander unvereinbar seien. Diese Meinung kommt in zwei Versionen:

- Nach der einen müsse der Einzelne zuerst seinen »inneren Frieden« finden (z. B. durch Gebet, Meditation, Psychotherapie oder andere Methoden der Selbst-Erkenntnis).

- Nach der anderen Meinung müsse als erstes die Gesellschaft verändert werden, weil es (nach einem vielzitierten Satz Theodor Adornos) »kein richtiges Leben im falschen« gebe.

Jede dieser Auffassungen hat eine gewisse Berechtigung, einerseits. So wäre ohne Zweifel schon viel geholfen, wenn möglichst viele Menschen ihren Hunger nach Sicherheit und Anerkennung bewusst machen und durcharbeiten würden, so dass sie diesen Hunger nicht länger in Wachstums-Gläubigkeit und Konsumismus ausagieren müssten. Aber haben wir noch so viel Zeit, bis – überspitzt formuliert – die ganze Menschheit auf der Couch ihre Neurosen kuriert hat?

Andererseits ist die Spaltung zwischen »innerem« und »äußerem Weg« auch problematisch, weil sie beide beschädigt zurückließ. Dies war z. B. nach der Jugendbewegung Ende der 1960er-Jahre zu beobachten:

- So führte der eine Weg nicht wenige Angehörige der so genannten »68er-Generation« in Abhängigkeit von obskuren Sekten-Gurus in eine entpolitisierte Spiritualität und narzisstische Ich-Verwirklichung. Vehement kritisiert der Logotherapeut Manfred Schulz (2005, 141) diese Haltung: »Wenn wir nicht wissen wollen, wodurch das Elend in den armen Ländern entsteht, dann wissen wir auch nichts über uns.«
- Demgegenüber führte der politische Weg teilweise in linken Terrorismus oder, als »langer Marsch durch die Institutionen«, zu einem erheblichen Verlust an politischer Fantasie und uninspirierte Politik.

Wenn wir jedoch die Idee von Ganzheit, die wesentlich zum Konzept des »Selbst« gehört, wirklich ernst nehmen, dann ist die Spaltung zwischen »innerem« und »äußerem Weg« auf Dauer nicht aufrechtzuerhalten. Die Suche nach Ganzheit mündet dann auch in das Bedürfnis, beide »Welten« – innen und außen – zu versöhnen, im Diesseits. Tatsächlich *geht* es heute um nicht weniger als *das Ganze*.

Gewiss ist die psychoanalytische Couch oder Selbsterfahrungsgruppe ein Ort, um Aspekte seines Selbst zu erkennen und zu verwirklichen. Wer diese Arbeit auf sich nimmt, leistet – auf lange Sicht – einen unerlässlichen Beitrag für eine bessere Zukunft: Indem erlittene Gewalt- oder Missbrauchs-Erfahrungen aufgearbeitet werden, müssen diese nicht unbewusst wiederholt werden. Indem erlittene Entwürdigungen und die damit verbundenen Scham-Gefühle bewusst gemacht werden, müssen diese nicht transgenerational an die nächste Generation weitergereicht werden.

Aber wer das eine tut, muss das andere nicht lassen. Auch die Arbeit für Frieden, Gerechtigkeit und Bewahrung der Schöpfung kann ein Ort der Erfahrung und Verwirklichung von Selbst-Anteilen sein. Daher scheinen mir dies falsche Alternativen zu sein: entweder »innerer« oder »äußerer Weg.« Ich stelle mir die beiden »Wege« eher wie eine Polarität vor, vergleichbar mit Einatmen und Ausatmen. Für beides gibt es seine Zeit und es gibt Zeiten, in denen beides eins ist.

Beispiele für eine gelungene Verbindung von »innerem« und »äußerem Weg« sind etwa die Leipziger Friedensgebete und Montagsdemonstrationen. Ebenso die »Schweigestunde für den Frieden«, die seit den 1980er-Jahren in vielen Städten der Bundesrepublik durchgeführt wird.

Rolf Hannes (2009) schreibt: »Fußgängerzone in München, eine Gruppe Menschen mit einem Transparent: Schweigestunde für den Frieden. Jeden Freitag von 18 bis 19 Uhr. Wer dabei sein möchte, ist willkommen. Überparteilich. Eine Aufforderung, des Wahnwitzes eines Kriegs, aller Kriege zu gedenken. Einen Augenblick zögere ich, dann schließe ich mich der kleinen Gruppe an. Wir stehen im Kreis und geben uns die Hände, eine Stunde lang, die für mich, der ich mich den ganzen Tag durch diese Stadt quälte, die kurzweiligste ist. Gegen Ende war der Kreis so groß, dass er sich auflösen

musste in eine Kette, die eine große Strecke Straßenfront einnahm.
 Wie merkwürdig, alle diese Menschen kennen einander nicht. Sie fassen sich an den Händen und stehen schweigend zusammen. Eine alte Frau mit Krücke, ein Backfisch, der vom Rad stieg, und ich konnte sehen, wie sich dieses Mädchen einen Ruck geben musste, in den Kreis zu treten. Ein Mann, der wie ein Gastarbeiter aussieht, ein junger Mönch, die weiße Kutte über Bluejeans.
 Zu meiner Linken stand ein Mädchen, ich konnte deutlich spüren, wie seine Hand zitterte vor Erregung. Es kämpfte eine halbe Stunde lang gegen eine Ohnmacht, dann fiel es plötzlich vornüber. Ich fing es auf und legte es, so behutsam es ging, aufs Pflaster. Passanten bemühten sich um das Mädchen. Schließlich kam der Notarztwagen, und man lud es ein. Niemand begriff, was mit dem Mädchen wirklich war. Statt es still dort liegenzulassen, wurde es in ein Auto geladen.
 Vielleicht hatte es zum ersten Mal solches erlebt: Dazustehen in einem Kreis von Menschen, die Energie, die durch einen fließt, das Angestarrt-Werden von Vorbeigehenden, das Bespöttelt-Werden, das Erkannt-Werden, das Einstehen für etwas, das sich sonst nicht vermitteln lässt. Das alles war so übermächtig, dass das Mädchen für einige Sekunden die Besinnung verlor. Aber für die Drumherumstehenden war es ein Unfall.«

 Eine gelungene Verbindung beider »Wege« sind auch die Lebenswerke z. B. von Martin Luther King jr., Mahatma Gandhi (»ein Mensch, der behauptet, Religion habe nichts mit Politik zu tun, weiß nicht, was Religion bedeutet«), Dietrich Bonhoeffer (»Nur wer für die Juden schreit, darf auch gregorianisch singen«) und Dorothee Sölle. Ebenso der buddhistische Mönch, Lyriker und aktive Gegner des Vietnam-Kriegs Thich Nath Hanh. Auch Thomas Merton, der christlicher Mystiker, engagierte sich gegen die atomare Aufrüstung und den Vietnam-Krieg, für die Bürgerrechtsbewegung und die Revolution in Nicaragua.

Ein weiteres Beispiel sind die Friedensmönche der Nipponzan-Myōhōji-Gemeinschaft, einer Richtung des japanischen Buddhismus in der Nichiren-Tradition. Die Gemeinschaft wurde von Nichidatsu Fujii unter dem Eindruck der Bomben auf Hiroshima und Nagasaki gegründet. Ihre Mitglieder sind weltweit aktiv, indem sie Friedens-Pagoden bauen und *während* gewaltfreier Protestaktionen für den Frieden beten.

Mönche der Nipponzan-Myōhōji-Gemeinschaft wandern und beten seit Jahrzehnten auf vielen Kontinenten für den Frieden. Sie nahmen an der Belagerung des Deutschen Bundestags in Bonn während der Aufrüstungsdebatten teil, protestierten gegen militärisch-elektronische Messen in Europa und in den USA, beteiligten sich an Kundgebungen vor dem NATO-Hauptquartier u. v. a.. Jedes Jahr wandern sie auch von Tokyo nach Hiroshima, zur Gedenkfeier des Atombombenabwurfs am 6. August 1945.

Ein weiteres Beispiel ist Daniel Berrigan, US-amerikanischer Jesuit und Friedensaktivist. Er verbrannte öffentlich Einberufungsbefehle zum Vietnam-Krieg und kämpft gegen Armut und Gewalt. Im September 1980 gehörte er einer Gruppe von Friedensaktivisten an, die in eine Atomwaffenfabrik eindrangen und zwei Sprengkopfhülsen mit Hämmern beschädigten. Auf Werkzeugen und Plänen vergossen sie Blut, dass sie sich selbst abgenommen hatten und blieben – ora et labora – betend vor Ort, bis sie verhaftet wurden.

Berrigan (1999) schreibt: »Manche mögen denken, dass Spiritualität und politische Aktionen absolute Gegensätze sind, aber zum Glück kenne ich Tausende gläubiger Menschen, die sich mit voller Überzeugung durch Protestaktionen und Einsätze gegen ungerechte Machtverhältnisse zum Wort Gottes bekennen.« So kann die Spaltung zwischen Kontemplation und Aktion überwunden werden. Wenn also die Frage lautet: soll der Mensch beten oder sich engagieren, meditieren oder protestieren, dann lautet die Antwort: Ja!

8. »doch«

Das Wörtchen »doch« scheint zunächst nur ein unbedeutendes Füllwort zu sein; doch (!) bei genauerer Betrachtung zeigt sich, dass es unter anderen auch Widerspruch ausdrücken kann. So etwa im vorigen Satz, in dem das »doch« sozusagen gegen die Behauptung protestiert, es sei »nur ein unbedeutendes Füllwort«. Auch wenn »doch« oft abmildernd wirkt, so kann es doch (!) auch Gegensatz, Gegenrede, Abwehr oder Ablehnung (»nicht doch!«) ausdrücken und ähnliche Bedeutung haben wie die Worte jedoch, allerdings, hingegen, obwohl, dennoch oder trotzdem.

Der Trotz wird häufig negativ bewertet. Er kann in der Tat äußerst destruktiv oder selbstdestruktiv sein, z. B. wenn jemand um jeden Preis (»und wenn ich verrecke!«) an einem Ziel festhält. Trotz kann aber auch eine starke konstruktive Kraft sein. Entscheidend ist meines Erachtens, worauf er sich richtet: Ob er *gegen* fremdes oder eigenes Leben (etwa in der Magersucht als trotziges Sich-zu-Tode-hungern [Madelung 1989]) oder *für* ein positives Ziel wie die Bewahrung der Menschenwürde gerichtet ist.

Einen gepflegten Trotz halte ich für eine der wichtigsten Eigenschaften, die unsere Zeit benötigt, verleiht sie uns doch das Durchhaltevermögen, den »langen Atem«, und die Geduld, die es wahrscheinlich braucht, um die notwendigen Veränderungen zu erreichen. Ich erinnere mich an einen Moment während der Friedenswanderung quer durch die USA, der »Peace Pilgrimage of Europeans« im Jahr 1984. Über viele Monate waren wir, eine kleine Gruppe von Friedensaktivisten, täglich zwischen etwa 20 und 40 Kilometer gewandert und hatten in den vielen Dörfern und Städten entlang unseres langen Weges unzählige Vorträge, Diskussionen, Pressegespräche usw. über Atomwaffen und Abrüstung geführt. Im Spätsommer, während unseres Zwischenstopps in Chicago, nutzte ich einige freie Stunden, um den Sears-Tower, den damals höchsten Turm der Welt, zu besuchen. Von dort oben erblickte ich, wohin ich auch schaute, von Horizont zu Horizont: ein Meer von Häusern, Straßen, Autos und Menschen. Dort oben wurde mir eindrücklich bewusst, wie riesengroß die Vereinigten Staaten von Amerika sind und wie groß die von uns selbst gesteckte Aufgabe war, in diesem Land einen Unterschied zu machen.»Und doch«, so sagte ich mir nach Momenten des Erschreckens,»würde ich so eine Aktion wieder tun.«

Ein konstruktiver, kraftvoller Trotz zeigt sich etwa im Lebenswerk von Robert Jungk, dem langjährigen Aktivisten für Frieden und Naturbewahrung, Zukunftsforscher und Begründer der Zukunftswerkstätten (Jungk / Müllert 1989). Seine Autobiographie trägt den Titel »Trotzdem« (1993). In seinem »Plädoyer für die politische Phantasie« (Jungk 1990, 37) beschreibt er sich als jemanden, der aus purem Zufall die Weltkriege und den Holocaust überlebt hat»und dennoch: Allen Erfahrungen zum Trotz, allen Wahrscheinlichkeiten widersprechend, jeder historischen Logik spottend spucke ich gegen den bösen Wind, der uns herumwirbelt, balle ich die Faust gegen die Mächtigen, die uns herumstoßen, widerspreche ich heftig meinen Freunden, den ›Realisten‹, die uns plausibel vorrechnen können, wie minimal heute die Chancen der Menschheit sind.« Roberts Jungks (1990, 38) Leitspruch lautet:»Ich hoffe, denn nur dann werde ich sein.«

Die »Trotzmacht des Geistes« steht im Mittelpunkt des Werkes von Viktor Frankl, dem Begründer der Logotherapie, die als »Dritte Wiener Schule der Psychotherapie« (nach Sigmund Freuds Psychoanalyse und Alfred Adlers Individualpsychologie) gilt. In seinem autobiographischen Text »… trotzdem Ja zum Leben sagen« schildert der Neurologe und Psychiater seine Erfahrungen als Gefangener im Konzentrationslager Auschwitz und deren Konsequenzen für die ärztlich-psychotherapeutische Arbeit mit Menschen:

Demnach »eröffnet sich auch noch in den schwierigsten Situationen und noch bis zur letzten Minute des Lebens eine Fülle von Möglichkeiten, das Leben sinnvoll zu gestalten,« so Frankl. Sei es durch ein schöpferisches Leben, in der Arbeit; sei es durch ein genießendes Leben, im Erleben von Schönheit in Kunst oder Natur; oder sei es noch in der letzten Möglichkeit, selbst im Extrem des Lagers, »in der Weise, in der sich der Mensch zu dieser äußerlich erzwungenen Einschränkung seines Daseins einstellt.« (Frankl 1992, 110)

Frankl verweist auf die Häftlinge, die trotz Hunger und Müdigkeit ihre Apathie und Gereiztheit überwunden haben, »hier ein gutes Wort, dort den letzten Bissen Brot spendend. Und mögen es auch nur wenige gewesen sein – sie haben Beweiskraft dafür, dass man dem Menschen im Konzentrationslager alles nehmen kann, nur nicht die letzte menschliche Freiheit, sich zu den gegebenen Verhältnissen so oder so einzustellen. Und es gab ein ›So oder so‹!« (Frankl 1992, 108). Selbst im Konzentrationslager bot sich nach Frankl »tausendfältige Gelegenheit«, sich gegen oder für die Menschenwürde zu entscheiden.

Umso mehr muss dies heute für uns, Bürger eines demokratischen und wohlhabenden Rechtsstaates wie der Bundesrepublik gelten. Unsere Handlungs-Spielräume, für Menschenwürde einzutreten und Sinn zu verwirklichen, sind um vieles größer als für die KZ-Häftlinge. Dennoch erscheint mir der Appell, den Viktor Frankl (1992, 133) damals an seine Mithäftlinge richtete, aktueller denn je: Es gelte, »den Dingen und dem Ernst unserer Lage ins Gesicht zu sehen und trotzdem nicht zu verzagen, sondern im Bewusstsein, dass auch die Aussichtslosigkeit unseres Kampfes seinem Sinn und seiner Würde nichts anhaben könne, den Mut zu bewahren.« Übersetzt für die Gegenwart sind diese Sätze eine Erinnerung daran, dass es sinnvoll ist, sich zu engagieren, ganz unabhängig davon, wie erfolgversprechend dieses Engagement auch zu sein scheint.

Viktor E. Frankl beobachtete auch den wichtigen Zusammenhang zwischen Hoffnung und Gesundheit, der heute durch die medizinische Forschung bestätigt wird. Demnach ist Hoffnung ein bedeutender Resilienzfaktor. So ist Frankl überzeugt, dass zu seinem Überleben in Auschwitz nicht zuletzt seine »Entschlossenheit beigetragen haben mag, das verlorene Manuskript (meines ersten Buches ›Ärztliche Seelsorge‹) zu rekonstruieren. Ich begann damit, als ich an Fleckfieber erkrankt war und mich auch des Nachts wach halten wollte, um nicht einem Gefäßkollaps zu erliegen. Zu meinem 40. Geburtstag hatte mir ein Kamerad einen Bleistiftstummel geschenkt und ein paar winzige SS-Formulare herbeigezaubert, auf deren Rückseite ich nun – hoch fiebernd – stenographische Stichworte hinkritzelte.« (zit. in Lukas 1997, 24).

Trotz des hohen Fiebers und der minimalen Überlebenschancen bewahrte Frankl seine Hoffnung und gesundete.

Der Verlust von Hoffnung hingegen wirkt sich negativ auf das Immunsystem aus. So schildert Frankl (1992, 122f.) einen Mithäftling, der (aus Enttäuschung darüber, dass Auschwitz nicht zu einem erwarteten Termin befreit wurde) jäh in Hoffnungslosigkeit versank und innerhalb weniger Tage starb. In den Lagern wurde ein Mithäftling, der die Hoffnung verloren hatte, als »Muselmann« bezeichnet; in aller Regel starb er innerhalb kurzer Zeit. Ähnliche Erfahrungen wurden auch in Kriegsgefangenenlagern gemacht: Menschen, die ihre Hoffnung nicht aufrechterhalten konnten, erkrankten und starben besonders schnell an Cholera, Typhus, Tuberkulose oder anderen Krankheiten.

Die Zusammenhänge zwischen Hoffnungslosigkeit und Krankheit bzw. Hoffnung und Gesundheit wurden u. a. schon von Sigmund Freud benannt und von Alexander Mitscherlich (1967), Gerd Overbeck (1984) u. v. a. untersucht. Auf dem 3. Weltkongress für Psycho-Onkologie 2000 in Melbourne wurde die »Bewältigung von Hoffnungs- und Hilflosigkeit (…) als wirksamstes Instrument der Krankheitsverarbeitung« genannt (Franke-Lompa 2006, 262).[7] Es ist erwiesen, dass Menschen ohne Ziel und ohne Entfaltungsmöglichkeiten anfälliger für Krankheiten sind und dass ihre Krankheiten länger andauern. So scheint Hoffnungslosigkeit »die synthetischen Fähigkeiten der Persönlichkeit derart zu beeindrucken, dass es zum Auftreten unkontrollierter und entgleisender körperlicher Prozesse kommt.« (Overbeck 1984, 68). Der Verlust von Hoffnung zeigt einen Prozess an, der, so Heike Schnoor (1988, 212) »auf der somatischen Ebene mit einer aktiven Selbstzerstörung einhergeht, die in letzter Konsequenz zum Tode führt.« Mitscherlich (1967, 54) bezeichnet diesen Vorgang als »Physiologie der Hoffnungslosigkeit«. In irgendeiner Form können offenbar sogar Tiere Aussichtslosigkeit erleben (z. B. Wildtiere in Gefangenschaft), sich aufgeben und sterben (Overbeck 1984, 68).

Hoffnungslosigkeit erklärt z. B. auch die erhöhte Krankheits- und Sterberate, die bei Witwen und Witwern beobachtet wurde. Deren Gesundheit verschlechtert sich nach dem Verlust des Partners im Durchschnitt deutlich; Infektionskrankheiten, Herzkrankheiten, Rheuma, Schmerzsyndrome, Asthma und vegetative Beschwerden nehmen zu. Im ersten halben Jahr nach dem Tod des Partners erhöht sich ihre Sterblichkeitsrate, verglichen mit gleichaltrigen Verheirateten, um 40 Prozent (Overbeck 1984, 71). Dies erklärt auch die so genannten Pensionierungstode (alte Menschen sterben häufig kurz nach ihrer Pensionierung) und die erhöhte Krankheitsrate unter Arbeitslosen (deren Probleme demnach durch Geld allein nicht zu beheben sind).

Hoffnungslosigkeit dürfte auch verantwortlich sein für den Tod Pablo Nerudas: Wie Curt Meyer-Clason (1974, 467) schreibt, war er durch den Militärputsch gegen seinen Freund

---

7. Vgl. die Beiträge im Sammelband über eine »Medizinische Psychologie der Hoffnung« (Huppmann / Lipps, 2006).

Salvador Allende und dessen Tod »moralisch gebrochen«; innerhalb weniger Tage entwickelte Neruda hohes Fieber und starb.

Diese Zusammenhänge zeigen, dass in dem empörten Ausruf »Diese Politik macht mich ganz krank!« durchaus einige Wahrheit steckt. Dies wirft interessante Fragen auf: Wie viele Krankheiten sind (mit)verursacht durch gesellschaftliche Verhältnisse, welche den Menschen das Hoffen schwer machen? Wie viele zusätzliche Kosten werden so dem Gesundheitswesen durch eine Politik aufgebürdet, die zugleich deren ›Ausufern‹ beklagt und zu bekämpfen versucht?

Positiv gewendet zeigt sich, dass Gesundheit nicht nur durch körperliche Bewegung und gesunde Ernährung aufrechterhalten werden kann, sondern auch durch ein hoffnungsvolles gesellschaftliches Klima. Eine Langzeitstudie an der Universität von Michigan kommt zum Ergebnis, dass Menschen, die sich ehrenamtlich engagieren, länger leben, wenn sie dies aus uneigennützigen Motiven tun (Nur 2012, 59). Somit kann auch »Bewegung« anderer Art – nämlich politisches, ökologisches oder soziales Engagement – zur Gesundung beitragen. Ich stelle mir z. B. Ärzte vor, die Patienten als Medizin etwa ein vierwöchiges Praktikum bei »Terre des Femmes« verschreiben …

Hoffnung aufrechterhalten und Sinn verwirklichen: Dies ist ein wichtiger Beitrag zur Gesundheit und – mit Hinweis auf Viktor E. Frankl – es ist zu betonen, dass letztlich keine Macht der Welt, keine »falschen Verhältnisse«, den Einzelnen davon abhalten kann, diese Chance zu nutzen.

9. »etwas«

Vor seinem Ende sprach Rabbi Sussja: In der kommenden Welt werde ich nicht gefragt werden:» Warum bist du nicht Mose gewesen?« Die Frage wird lauten:» Warum bist du nicht Sussja gewesen?«
Martin Buber

Der Impuls, »etwas« gegen die Katastrophe zu tun, ist grundlegend wichtig. Allerdings ist dieses Wort eher vage, beliebig, eine unbestimmte Menge irgendwo zwischen »alles« und »nichts« andeutend. Darüber hinaus suggeriert das »etwas«, dass es auf das *Was* ankäme. In diesem Abschnitt möchte ich darlegen, dass es wesentlich auch auf das *Wie* des Handelns ankommt und dass Engagement alles andere als beliebig ist.

Was

Die Unbestimmtheit des Wortes »etwas« drückt vermutlich eine Unsicherheit aus, die mir z. B. in politischen Diskussionen häufig begegnet. Etwa wenn Menschen von sich sagen: »Aber ich kann ja nur … tun« und dabei einige Fähigkeiten aufzählen, die sie selbst als wenig bedeutsam einschätzen.

Nur? Ich bezweifle, dass es sinnvoll ist, Engagement für Frieden, Gerechtigkeit und Naturbewahrung zu »messen« und in seinen Auswirkungen zu bewerten. Wer vermag schon zu beurteilen, welche Aktion »groß« und welche »nur klein« ist? Wer könnte schon die vielfältigen Wechselwirkungen, die das gesellschaftliche Geschehen ausmachen, entwirren und danach bestimmen, welche der Beiträge jeweils »wichtig« und welche »unwichtig« gewesen seien?

Vermutlich ist die Vorstellung von »bedeutsamem« und »weniger bedeutsamem« Engagement auch eine Spätfolge eines Geschichtsunterrichts, wonach es die »großen«, »heroischen«,

»außergewöhnlichen«, »besonderen« Persönlichkeiten – in der Regel: Männer – seien, welche Geschichte machen. Ähnliche Vorstellungen werden bis in die Gegenwart auch durch einen Experten- und Prominenten-Kult vermittelt, der durch Massenmedien, Preisverleihungen, Ehrungen usw. inszeniert wird. So wurde zum Beispiel in den USA im Jahr 1986 ein nationaler Gedenk- und Feiertag für Martin Luther King jr. eingerichtet (der dritte Montag im Januar). Dabei sehe ich – bei allem Respekt für diesen Mann – die Gefahr, dass die Bürgerrechtsbewegung reduziert wird auf einen Prominenten, der idealisiert und mystifiziert wird.

Tatsächlich wäre jedoch diese machtvolle soziale Bewegung nicht möglich gewesen ohne das Engagement von hunderttausenden Mitstreiter/-innen. Und davor, die massenhafte Bewegung vorbereitend, durch die zivilcouragierten Taten ungezählter nicht-prominenter Frauen und Männer. Darunter eine so harmlos erscheinende Tat wie z. B. die Weigerung, im Bus aufzustehen: Am 1. Dezember 1955 lehnte es die 42-jährige Sekretärin Rosa Parks in Montgomery, Alabama, ab, ihren Sitzplatz in einem öffentlichen Bus für einen weißen Fahrgast zu räumen, wie es die Rassentrennung damals bestimmte. Der Busfahrer ließ daraufhin die Polizei kommen, die Rosa Parks wegen Störung der öffentlichen Ruhe verhaftete; sie wurde zu 10 Dollar Strafe zuzüglich 4 Dollar Gerichtskosten verurteilt. Ihre Tat gilt als einer der Auslöser für den Busboykott in Montgomery (organisiert vom damals noch wenig bekannten Martin Luther King) und die US-amerikanische Bürgerrechtsbewegung.

Aber auch Rosa Parks' Aktion hatte Vorläufer: Schon elf Jahre zuvor hatte die 27-jährige Irene Morgan in einem Bus von Virginia nach Maryland ihren Sitzplatz nicht geräumt und war verhaftet worden. Das Gericht kam zum Ergebnis, dass die Rassentrennung bei Beförderungen zwischen Bundesstaaten nicht anzuwenden sei. Daraufhin führten Bürgerrechtler in den folgenden Jahren Dutzende von zwischenstaatlichen Busfahrten (»freedom rides«) durch, um das Gerichtsurteil zu bekräftigen.

Diese Beispiele zeigen, dass Geschichte immer ein vielfältiges Geflecht von Aktionen, Einflüssen, Wechselwirkungen usw. ist, welches nie auf das Wirken einer einzigen Person reduziert werden kann. Wer vermag also zu beurteilen, wie »bedeutend« eine Tat jeweils ist oder nicht ist? Wir können nie wissen, was eine Aktion – vielleicht erst Jahre später – auslöst. Kleine Ursachen können große, unvorhergesehene Wirkungen haben (dazu mehr in Teil 3). Wer könnte alle die wechselseitigen Einflüsse überblicken? Worauf es ankommt, sind meines Erachtens nicht nur die einzelne Taten, sondern auch deren *Zusammenspiel*; dies möchte ich an einem anderen Beispiel illustrieren:

Monika Griefahn (1983, 16f.) schildert die Anfänge von Greenpeace und deren Schritt vom Kampf gegen die Atombombe zum Kampf für die Rettung der Wale: »Als es um den Schutz vor der Bombe ging, handelten wir sozusagen im eigenen Interesse. Das war nichts Neues. (...) Aber unser Kampf für die Wale wurde zu einer Glaubenssache. Als wir bekannt gaben, dass wir bereit wären zu sterben, um die Wale zu retten, verpflichteten wir uns der größten Sache, die wir bisher unternommen hatten. Wir verpflichteten uns einer Aufgabe, die über den Rahmen der menschlichen Sache hinausging. Wir hatten einen Augenblick lang die Vision einer neuen Welt. Plötzlich schien alles so einfach: Wenn unser Planet vor der Zerstörung bewahrt werden sollte, genügte es nicht, die Menschheit vor ihrer eigenen Torheit zu schützen. Wir müssen genauso die irdische Flora und Fauna (Pflanzen und Tierwelt) schützen, denn ohne sie würde der gesamte Kreislauf des Lebens geschwächt werden und schließlich zugrunde gehen.

Über der ›Neuen Arbeit‹ schwebte auch ein Stück Mystik: Jeder warnte uns, dass wir die Walfänger in der weiten See nie finden würden. Doch wir trauten unserer Kraft. Nachdem wir akzeptiert hatten, dass uns nur ein Wunder weiterhelfen könnte, kamen die Leute merkwürdigerweise in Scharen zu uns. Sie

kamen wie nach Plan: Als wir einen Elektroniker brauchten, erschien einer; als ein Schiffszimmermann gebraucht wurde, kam einer zum nächsten Treffen. Als wir einen Musiker, einen Fotografen oder einen Ingenieur brauchten, erschienen sie wie gerufen. (…)
Für die bereits bestehenden Organisationen war das Ganze zu bizarr, und so standen wir bald abseits der herkömmlichen Umweltschutzbewegung. Daran änderte zunächst auch die Tatsache nichts, dass (…) wir zum Beispiel Elektroniker, Navigatoren, Ozeanographen, Taucher, Ärzte und Anwälte zu unseren Mitarbeitern zählen konnten. Trotzdem waren wir den Leuten suspekt. Wir waren eine herrliche, unkonventionelle Mischung aus menschlichen Talenten und Fähigkeiten.«

Stellen wir uns vor, die genannten Helfer hätten sich zuvor gesagt: »Ich bin ja nur ein Elektroniker« oder »Ich kann ja nur navigieren« usw.. Stellen wir uns vor, sie wären aus diesem Grund nicht zu Greenpeace gestoßen: Vielleicht wäre diese Organisation schon in den Anfängen verkümmert – um wie viel ärmer wäre die Welt heute!

Berufung

Jeder Mensch hat etwas zum Frieden, zur Gerechtigkeit und Naturbewahrung beizutragen und zwar *mit* ihren/seinen jeweiligen Fähigkeiten und Möglichkeiten. Genau diese sind gefragt, um die globale Katastrophe vielleicht noch abzuwenden. Viktor E. Frankl ist davon überzeugt, dass jeder Mensch berufen sei, zu tun, was getan werden müsse. »Wo die Bedürfnisse der Welt mit deinen Talenten zusammentreffen, dort liegt deine Berufung«, so der griechische Philosoph Aristoteles; genau dort entfaltet sich Sinn.

Oft ist es eine einzige, unerwartete Erfahrung, in der ein Mensch seine Berufung entdeckt. Dies kann ihn so tief berühren, dass er sein Leben ganz neu ausrichtet. Oft werden zunächst

Zweifel oder Verzagtheit ausgelöst; etwa bei Moses, nachdem er am brennenden Dornbusch den Auftrag erhält, sein Volk in die Freiheit zu führen: »Es wäre jetzt einfacher, klein zu bleiben, weiter die Schafe zu hüten und die versklavten Israeliten ihrem Schicksal zu überlassen«, so Baumann-Lerch (2011, 64). Der Berufene fühlt sich gepackt und zugleich überfordert – bis er vernimmt, dass er seine Aufgabe nicht nur aus eigener Kraft bewältigen muss, weil Gott ihm vermittelt: »Ich bin mit dir.«
Viele Menschen kennen kaum ihre Stärken und Schwächen, geschweige denn ihre Aufgabe für die Welt. Inzwischen gibt es jedoch eine Reihe von Beratungen, die Menschen dabei helfen, ihre Berufung zu finden, etwa das »Life/Work-Planning« nach Nelson Bolles. Trainer dieses Konzepts berichten von verblüffenden Beispielen, wie Menschen »erst ihre Berufung entdeckt und sich dann eine entsprechende Stelle geschaffen haben« (Teupke 2010, 25). So gesehen, könnte sich der – unvermeidbare – Verlust von Arbeitsplätzen in zukunftsfeindlichen Berufszweigen als Chance für Arbeitslose herausstellen. Dafür genügt es allerdings nicht, diese Menschen mit Hartz-IV-Geldern (oder einem Grundeinkommen) abzuspeisen. Um zu verhindern, dass sie von Antriebslosigkeit gelähmt werden, benötigen sie Unterstützung darin, ihre Berufung zu finden (Teupke 2010).

Für den Berater Herbert Alphonso ist Berufung »das tiefste Geheimnis von Einheit und Integration«, zugleich eine »Quelle von Kraft und Lebensfreude, ein unerschöpfliches Reservoir spiritueller Wachstumsmöglichkeiten« (zit. in Baumann-Lerch 2011, 64). Berufungen können dazu beitragen, ein System zu sprengen, weil berufene Menschen um ihre Würde wissen und nicht mehr »einfach so« funktionieren. »Sie befreien nicht nur die Berufenen, sondern auch ihr Umfeld, ihr Volk, ihre Gesellschaft«, wie Eva Baumann-Lerch (2011, 65) schreibt. Nelson Mandela: »Wenn wir unser eigenes Licht erscheinen lassen, geben wir unbewusst anderen Menschen die Erlaubnis, dasselbe zu tun.« (zit. in: Baumann-Lerch 2011, 65)

Ein Engagement, das durch eine Berufung motiviert ist – ob »groß« wie bei Moses, oder ob (scheinbar) »klein« wie bei Irene Morgan – geht weit über die Rolle hinaus, die ein Einzelner z. B. bei Massen-Demonstrationen zu spielen hat. Dabei soll der Einzelne ja nur dazu beitragen, dass eine möglichst große Zahl von gesichtslosen Menschen zusammenkommt; hier ist jeder Mensch in der Tat nur eine Nummer. Solche Protestformen können – zu ihrer Zeit, in bestimmten Situationen – durchaus hilfreich sein (z. B. die Massenproteste, die zum Fall der Mauer 1989 oder zum Sturz Mubaraks in Ägypten 1991 führten). Insgesamt jedoch bin ich der Auffassung, dass mit solchen Aktionen die menschlichen Wirkmöglichkeiten bei weitem unterschätzt werden.

Denn, so die Sozialforscher Dieter Rucht und Friedhelm Neidhardt (2007, 649), »… die Stärke sozialer Bewegungen liegt im committment, der hohen Motivation und Begeisterungsfähigkeit ihrer Aktivisten und Teilnehmer.« Ihre Stärke liegt *nicht* in der Zahl der Beteiligten, sondern in der *Intensität*, mit der diese für ein Anliegen eintreten. Tilman Evers (1987, 229) plädiert für eine »qualitative Politik«, bei der es »nicht so sehr auf die sie tragende Zahl der Aktiven, wohl aber auf deren Intensität« ankommt. Die Stärke sozialer Bewegungen liegt mit anderen Worten nicht in der Quantität ihrer Teilnehmer, sondern in der *Qualität* ihres Handelns. Es kommt demnach nicht nur darauf an, *was* wir jeweils tun, sondern wesentlich auch auf das *Wie*:

Wie

Eine Handlung kann ganz verschiedene Wirkungen haben, je nachdem, mit welcher Haltung sie durchgeführt wird. Engagement für Frieden, Gerechtigkeit und Naturbewahrung ist immer auch ein Beziehungsgeschehen; z. B. zwischen Aktivist und Passant bei einem Informationsstand in der Fußgängerzone. Ein und dieselbe Information wird beim Gegenüber ganz anders »ankommen«, je nachdem, ob sie mit Schuldgefühlen oder mit Hoffnung kommuniziert wird; ob sie in verächtlicher oder wertschätzender Art und Weise vermittelt wird. Dabei geht es nicht nur um die Wortwahl, die durch oberflächliche Sprachkosmetik oder ein »Training« angelernt werden könnte, sondern um die *Haltung*. Denn beim Engagement ist – wie in allen sozialen Berufen – die eigene Persönlichkeit »das wichtigste Instrument«. (Schmidbauer 1990, 7)

Dies gilt z. B. auch für Demonstrationszüge. Dabei habe ich häufig beobachtet, dass die Passanten von den Demonstrierenden zwar vom Wortlaut her zum Mitmachen eingeladen werden, z. B. indem »Solidarisieren! Mitmarschieren!« skandiert wird. Zugleich wird jedoch häufig die gegenteilige Botschaft vermittelt: durch die abstoßende Aggressivität der gebrüllten Slogans, den dröhnenden Lärm der Lautsprecher, die gereckten Fäuste usw. bis hin zur lieblosen Gestaltung der Flugblätter.

»Das Medium ist die Botschaft«: Die Tragweite dieses Satzes von Marshall McLuhan für das soziale und politische Engagement hat am klarsten wohl Mahatma Gandhi ausgelotet. Um dessen Vorstellungen von sozialem Handeln zu verstehen, erscheint es mir jedoch notwendig, zunächst ein Missverständnis auszuräumen:

Als Gandhis Werk in die westliche Welt übertragen wurde, passierte etwas Merkwürdiges. Sein zentraler Begriff »Satyagraha« wurde überwiegend übersetzt in »Gewaltlosigkeit« oder »Gewaltfreiheit«[8] und in der Folge regelmäßig verwechselt mit Passivität, Verzicht, Schwäche, Wehr- oder Tatenlosigkeit. Das ist etwa so, wie wenn Licht als »Nicht-Dunkelheit« definiert würde! Tatsächlich meint Satyagraha jedoch etwas anderes als nur passiven Verzicht auf Gewalt.

---

8. Z. B. Bittl-Drempetic (1993); eine der wenigen Ausnahmen ist Arnold (2007), der Satyagraha als »Gütekraft« übersetzt.

Das Wort wurde von Gandhi aus zwei anderen Sanskrit-Worten zusammengesetzt: aus Satya (etwa: »Wahrheit, Ideal, wie etwas sein sollte«) und Graha (»beharren, stark an etwas festhalten, auf etwas bestehen«). Demnach bedeutet Satyagraha wörtlich etwa »festhalten an der Wahrheit«; Gandhi verstand darunter die Kraft der Wahrheit, der Seele oder der Liebe. Satyagraha beschreibt demnach ein Handeln, das sich an der Wahrheit orientiert, ein Engagement aus Liebe oder aus der Seele.

Satyagraha ist keine »Technik«, sondern beschreibt eine *Haltung* des Handelnden (des »Satyagrahi«). Gandhis Weg, um diese Haltung zu erringen, bestand in asketischer Selbstreinigung (Fasten, Schweigen, Besitzlosigkeit, Diät, Enthaltsamkeit, manuelle Arbeit), Meditation und Gebet. Dies war Gandhis Weg, der aber meines Erachtens nicht dogmatisch in die heutige westliche Welt übersetzt werden kann. Für uns kann es nicht das Ziel sein, »wie Gandhi« werden zu wollen – so wenig es in der oben (Seite 121) zitierten chassidischen Geschichte Lebenssinn für Rabbi Sussja war, wie Moses zu werden.

Für sinnvoller halte ich es vielmehr, den Wesenskern von Satyagraha zu wahren und Wege zu dieser Haltung zu gehen, die unserer westlichen Entwicklung entsprechen. Was Gandhi dort durch asketische Läuterung und Meditation zu erreichen suchte (sich für ein Handeln aus Wahrheit, Liebe bzw. Seele zu befreien): könnte dies hier durch Selbst-Erfahrung und -Erkenntnis erlangt werden, auch durch Bewusstwerden und Durcharbeiten der Bedürftigkeit des Ichs nach Sicherheit und Anerkennung? Damit komme ich zum Begriff des »Selbst« zurück, der oben (Seite 109) mit Bezug auf C. G. Jung bereits skizziert wurde. Demnach könnte Satyagraha als ein Handeln übersetzt werden, das vom Selbst, aus der Mitte der Psyche kommt und, über das Ich hinausgehend, auf die Überwindung der Gegensätze gerichtet ist: Ganzheit.

Ein Handeln, das vom Selbst motiviert ist: Etwas davon finde ich etwa in Monika Griefahns Schilderung der Anfänge von

Greenpeace wieder. Denn es ging, wie sie schreibt, beim Kampf für die Wale um mehr als den Schutz der eigenen Interessen. Vielmehr »verpflichteten wir uns einer Aufgabe, die über den Rahmen der menschlichen Sache hinausging. Wir hatten einen Augenblick lang die Vision einer neuen Welt.« (Griefahn 1983, 16).

Griefahn beschreibt hier ein Engagement, das über die Interessen des Ichs und der Menschheit hinausgeht und *das Ganze* umfasst. Ein solches Handeln aus dem Selbst stellt meines Erachtens einen *Paradigmen-Wechsel* dar gegenüber einem Aktivismus, das von einem »man« oder »Ich« motiviert ist. Es macht einen *qualitativen* Unterschied, ob ein Mensch aktiv wird: Weil »man« das so macht (so wie »man« z. B. sonntags zur Kirche geht). Oder weil das »Ich« z. B. sein Bedürfnis nach Sicherheit, Erfolg oder Anerkennung befriedigen möchte. Oder, über das »Ich« hinausreichend, weil ein Mensch, motiviert durch das »Selbst«, nach Überwindung der Gegensätze, Ganzheit, strebt. Dazu ein beeindruckendes Beispiel, von dem Kiefer (2011, 2) berichtet:

Am 29. Juli 1941 um 14 Uhr ertönt im KZ Auschwitz die Lagersirene, nachdem ein Häftling bei einem Außeneinsatz geflohen war. Die Mithäftlinge wissen, was auf sie zukommt: »Bis Mitternacht stehen sie auf dem Appellplatz, draußen schnüffeln die Suchhunde. Zu essen gibt es nichts – die Schergen schütten die Suppe zynisch in den Kanal.

Schutzhaftlagerleiter Karl Fritsch brüllt, Flucht werde nicht toleriert, sein Dolmetscher ›soll das den Schweinen auf Polnisch klarmachen‹. Der 38-jährige SS-Hauptsturmführer, der wenige Wochen später Häftlinge mit Zyklon B zu vergasen beginnt, lässt für diese Flucht zehn KZ-Insassen büßen. Sein Zeigefinder und sein ›Du‹ bedeuten: Tod im Hungerbunker.

Es trifft auch den 40-jährigen Polen Franciszek Gajowniczek, der weithin hörbar zu schluchzen beginnt: ›Gott, meine Frau, meine Kinder.‹ Da tritt der Häftling Lagernummer 16670 aus der Reihe – einfach so, eine Ungeheuerlichkeit. ›Was will‹, fragt Fritsch völlig fassungslos, ›das polnische Schwein?‹ Dessen Antwort auf Deutsch: ›Ich will statt seiner sterben.‹ ›Wer bist Du?‹ Jeder rechnet damit, dass der SS-Brutalo den Häftling niederknüppeln lässt oder ihn gar selbst erschießt. Doch dieser Pater, Dr. theol. und Dr. phil. Maximilian Kolbe, weckt, in vorgeschriebener Häftlingshaltung mit der Mütze in der Hand und den Händen an der Hosennaht, bei Karl Fritsch so viel Respekt, dass der sogar höflich fragt: ›Warum wollen Sie statt seiner sterben?‹ Der Seelsorger, ebenso kurz wie bestimmt: ›Er hat Frau und Kinder.‹ Der SS-Mann akzeptiert.«

Von einem weiteren, näher an der Gegenwart liegenden Beispiel berichtet Mechthild Stöber-Lutter (1983): Eine Fasten-Aktion zum Gedenken an die Opfer von Hiroshima und Nagasaki in Brüssel, Standort des NATO-Hauptquartiers, im Sommer 1983. Die drei Fastenden werden begleitet von Nagahama, einem buddhistischen Mönch der Nipponzan-Myōhōji-Gemeinschaft. Die vier setzen sich vor eine Kirche in der Innenstadt, betend und trommelnd. Nach kurzer Zeit werden sie von zwei Polizisten aufgefordert, den Platz zu verlassen. Als den Polizisten gesagt wird, dass die Aktion polizeilich angemeldet und genehmigt wurde, sammeln sie die Ausweise ein und gehen. Kurz darauf kommen sie zu viert zurück und fordern die Aktivisten freundlich auf, entweder aufzuhören zu trommeln oder zu gehen, andernfalls seien die Polizisten gezwungen, sie mitzunehmen. Wie sich herausstellt, wird das meditative Trommeln zur Straßenmusik gezählt, die in der Innenstadt nicht erlaubt ist.

Während Nagahama sich in seinem Gebet nicht beirren lässt, erklären die Fastenden den Polizisten und den mittlerweile etwa hundert Passanten, die sich hinzugesellt haben, den Hintergrund des Ordens, dem Nagahama angehört, und dass sie ihn nicht vom Trommeln abhalten werden. Die Umstehenden reagieren sehr freundlich, auch die Polizisten, denen es sichtlich schwerfällt, die vier aufzufordern, ihnen zu folgen. Unter dem Beifall der Zuhörer steigen sie in ein Polizeiauto.

Während der Fahrt zur Polizeiwache hört Nagahama nicht auf, laut zu beten. Derweil erklärt ein Polizist, dass es ihm leid tue, sie festnehmen zu müssen, aber er habe seine Anweisungen.

Auf dem Polizeirevier halten sich ständig bis zu zehn Polizisten im Raum auf, aufmerksam geworden durch das Trommeln. Stöber-Lutter: »Nagahama reicht Postkarten von Hiroshima herum, die die Stadt nach dem Atombombenabwurf zeigen, und einige Polizisten sind merklich betroffen. Einer bittet uns um ein Friedensmarschplakat, was wir ihm schenken. Er verspricht, es in seinem Büro aufzuhängen. Nach etwa einer Dreiviertelstunde entlässt man uns mit dem Rat, uns ja nicht noch einmal vor die Kirche zu setzen. Der Polizeichef sagt wörtlich: ›Eigentlich müsste ich Sie jetzt für eine Weile einsperren, das wissen Sie ja wohl. Aber das täte mir zu leid, weil ich Ihre Aktion an sich gut und richtig finde.‹ Wir gehen und Nagahama bedankt sich bei den Beamten für die freundliche Aufnahme auf dem Revier.«

Mechthild Stöber-Lutter betont, »dass sowohl die Polizisten als auch wir immer höflich blieben und dass vor allem Nagahama mit seinem Verhalten, in dem deutlich seine Achtung vor allen Menschen sichtbar wird, wesentlich dazu beiträgt, dass unsere Aktion zu keiner Zeit auf harte Ablehnung oder Kritik stößt. (…) Ich habe festgestellt, dass wir die einzelnen Polizisten und Passanten als Menschen wahrnehmen können und dass wir ebenso als Menschen, vielleicht manchmal belächelt, aber doch immer geachtet werden. Diese Erfahrungen sind bei großen Demonstrationen, wo die Masse der Demonstranten der Masse der Polizisten gegenübersteht, meist nicht möglich.«

Das integrale Bewusstsein

*Probleme kann man niemals auf derselben Ebene lösen,
auf der sie entstanden sind.*
Albert Einstein

Soweit einige Beispiele für ein Handeln, das meiner Einschätzung nach vom Selbst motiviert ist. Wichtig ist mir die Frage: Was geschieht, wenn sich Menschen begegnen, die aus *verschiedenen* Paradigmen heraus handeln? Was passiert, wenn Menschen aufeinandertreffen, die hier aus dem Selbst, dort aus dem »Ich« oder »man« heraus handeln? Was passiert, wenn sich Menschen begegnen, die – in der Begrifflichkeit Jean Gebsers – verschiedenen »Bewusstseins-Strukturen« angehören? Der deutsch-schweizerische Bewusstseinsforscher und Philosoph hat eine differenzierte Analyse der Entwicklungsgeschichte des menschlichen Bewusstseins vorgelegt, die auch nachfolgende Bewusstseinsforscher (wie z. B. Ken Wilber) inspirierte und die ich zur Beantwortung der eben gestellten Frage für geeignet halte:

In seinem Hauptwerk »Ursprung und Gegenwart« beschreibt Jean Gebser (1988) verschiedene Strukturen des menschlichen Bewusstseins, d. h. unterschiedliche Weisen oder Paradigmen, sich selbst und die Welt wahrzunehmen, gedanklich zu verarbeiten und zu handeln. Diese Bewußtseins-Strukturen sind deutlich voneinander unterscheidbar und können jeweils bestimmten Raum-Zeit-Vorstellungen sowie Epochen der Menschheitsgeschichte zugeordnet werden. Zusammengefasst unterscheidet Gebser zwischen den ursprünglichen archaischen und den darauf folgenden magischen, mythischen und mentalen sowie integralen Bewusstseins-Strukturen.

So gehört die eindimensionale, *magisch*-zeitlose Bewusstseins-Struktur zur Frühgeschichte des Menschen; die zweidimensionale *mythische* Struktur zur vorindustriellen Welt, sie ist u.a. charakterisiert durch das »man« und ein naturhaftes, zyklisches Verständnis von Zeit. Demgegenüber ist das rational-technische Zeitalter durch die dreidimensionale *mentale* Struktur gekennzeichnet; zu dieser gehört das »Ich«-Bewusstsein sowie ein quantitativ-linearer Zeitbegriff (»Uhr-Zeit«). Der Entwicklungssprung von einer Bewusstseins-Struktur in die folgende wird not-wendig (im Sinne von »die-Not-wendend«), wenn die alte Struktur überholt ist, defizient, nicht mehr in der Lage, die Probleme der Zeit zu lösen. Die neue Struktur ist wie ein anderes Paradigma, das neue Lösungen für alte Probleme ermöglicht. Allerdings kann der Übergang von einer Bewusstseins-Struktur in eine folgende mit seelischen Erschütterungen verbunden sein; dies mag durch die folgende literarische Beschreibung illustriert werden:

In der Novelle »Flächenland« von Edwin Abbott sind die Welt und ihre Bewohner flach, zweidimensional. Eines Tages wird der Held der Geschichte, das Quadrat, von einem Erlebnis aufgerüttelt, das sein Leben für immer verändert: »Eine unaussprechliche Angst überfiel mich. Es wurde dunkel; dann kam ein schwindelerregendes Gefühl des Sehens, das nicht wie normale Sicht war und bei dem mir übel wurde – ich sah eine Linie, die keine Linie war; Raum, der nicht Raum war; ich war ich selbst und doch nicht ich selbst. Als ich meine Stimme wiederfand, schrie ich laut in unerträglichem Schmerz: ›Dies ist der Wahnsinn, oder es ist die Hölle.‹ – ›Weder das eine noch das andere‹, erwiderte ruhig die Stimme der Kugel, ›es ist das Wissen. Es ist die Dreidimensionalität – öffne dein Auge noch einmal und versuche, mit stetigem Blick zu schauen.‹

Ich schaute, und siehe! Eine neue Welt! Vor mir stand, sichtbar verkörpert, alles, was ich (...) je geschlossen, vermutet, geträumt hatte.« Später führt die Kugel das Quadrat durch die Dritte Dimension und das Quadrat folgt »wie in einem Traum« (Abbott 1982, 186, 188).

Wie Gebser schon kurz nach Ende des Zweiten Weltkrieges schrieb, ist die mentale Struktur defizient geworden, insofern sie die Probleme, die sie in die Welt gebracht hat, nicht mehr lösen kann. Dieses Urteil wird durch die Dauerkrisen und -katastrophen, die am Anfang dieses Buches aufgelistet wurden, unterstrichen; um nur einige Beispiele kurz zu wiederholen: (a) Die Menschheit vergiftet sich zunehmend selbst. (b) Obschon sich die mentale Welt für rational hält, hängt ihr Wohl wie ein seidener Faden vom Auf und Ab der Wirtschaftsbörsen ab, die ganz irrational von Gerüchten, Stimmungen und Panik-Reaktionen beeinflusst werden. (c) Große Teile unserer Gesellschaft sind auf eine immer weiterwachsenden Wirtschaft fixiert, was der rationalen Einsicht in die Grenzen des Wachstums völlig widerspricht. (d) Sprichwörtlich ist nach wie vor die Hilflosigkeit gegenüber dem Rechtsextremismus, ebenso gegenüber Terrorismus und Amokläufen. (e) Obwohl sich die Klimakatastrophe schon seit Jahrzehnten abzeichnet, war die Menschheit bisher nicht imstande, ihr entgegenzusteuern. (f) Tagtäglich wachsen die Halden mit hochgiftigem Atommüll, obwohl deren Entsorgung bis heute völlig ungelöst ist.

Soweit einige der Probleme, die durch das mentale Bewusstsein geschaffen wurden, aber auf der Grundlage eben dieses Denkens nicht mehr gelöst werden können. Dazu bedarf es eines veränderten Bewusstseins, das Gebser als *integral* bezeichnet und dessen Anzeichen schon in der Gegenwart erkennbar sind.

Die gegenwärtige Übergangszeit ist so krisenhaft, weil einerseits viele Politiker, Militärs und Wirtschaftsführer bereits vierdimensionale Produkte wie die Atomkraft handhaben, während sie (und große Teile der Bevölkerung) noch im mental-dreidimensionalen Bewusstsein befangen sind. Gebser (1988, 386f.) schreibt: »Während immer mehr Zweige der Wissenschaft sich mit dem Zeitfaktor auseinanderzusetzen begannen und teilweise zu einer ganzheitlichen Betrachtung gelangten, während andere bereits mit den vierdimensionalen Gegebenheiten zu arbeiten anfingen und damit äußerst greifbare Resultate, wie beispielsweise die Atomspaltung, bewirken, verblieb die nicht-wissenschaftliche Welt, und in ihr nicht zuletzt die führenden Staatsmänner und Leiter der Wirtschaft, noch der bereits überholten dreidimensionalen und dualistisch-materialistischen Weltvorstellung verhaftet, handhabe aber bereits vierdimensionale Produkte. Jedoch: Sie verwendete diese vierdimensionalen Produkte falsch, nämlich auf dreidimensionale Art. Und nun ist die Verwunderung und Bestürzung groß, dass dabei dieses ganze Weltgefüge ins Wanken kam.«

Für Jean Gebser (1988, 392) verhalten wir uns »wie einer, der versucht, in einem Zimmer mit einem Ultraschallflugzeug zu fliegen. Mit anderen Worten: wir versuchen in einer Welt, dem Zimmer, das ein dreidimensionaler Raum ist, ein Produkt vierdimensionaler Art, ein Ultraschall-Flugzeug, anzuwenden, das unser bisheriges, nur räumlich orientiertes Wahrnehmungsvermögen übersteigt.«

Der Ausweg aus den Krisen und Katastrophen der Gegenwart besteht für Gebser in einer neuen Bewusstseins-Struktur, die er als *integral* bezeichnet (und das in seinen Einzelheiten hier nicht dargestellt werden kann). Kurz gesagt, ist diese unter anderem charakterisiert durch ein vierdimensionales und »zeitfreies« Raum-Zeit-Verständnis sowie ein Bewusstsein, das Gebser als »Sich« bezeichnet und dem Jung'schen Selbst entsprechen dürfte. Meine These ist, dass ein soziales, ökologisches oder politisches Engagement aus dem Selbst bzw. Satyagraha bereits der integralen Welt angehört; mit einem solchen Handeln sind wir schon Teil der Lösung.

Damit endlich zurück zur Frage: Was geschieht, wenn sich Menschen begegnen, die verschiedenen Bewusstseins-Strukturen angehören? Genauer: Was geschieht, wenn Menschen mit integralem Bewusstsein auf Menschen treffen, die noch der defizient-mentalen Struktur verhaftet sind? Um diese Frage beantworten zu können ist es vielleicht hilfreich, den Blick zunächst auf ein vergleichbares Ereignis aus dem 16. Jahrhundert zu richten:

Das Aufeinandertreffen zweier Bevölkerungsgruppen aus – buchstäblich – verschiedenen Welten: Hier die mittelamerikanischen Azteken, die zu dieser Zeit im defizienten magisch-mythischen Denken befangen waren, dort ein paar hundert Spanier, die schon im Besitz der neuen, damals kraftvollen mentalen Haltung waren. Eine Schilderung dieser erschütternden Begegnung findet sich in der aztekischen Chronik, die Fray Bernardino de Sahagún, basierend auf Berichten der Azteken acht Jahre nach der Eroberung Mexikos durch Fernan Cortés niederschrieb. Die Eroberung der Stadt Mexiko wird so geschildert (zit. in Gebser 1988, 30):

> *das dreizehnte Kapitel; darin wird erzählt,*
> *wie Montecuhcoma,*
> *der mexikanische König,*
> *andere Zauberer schickt,*
> *dass sie die Spanier zu behexen suchen sollten,*
> *und was ihnen auf dem Wege geschah.*
> *und die zweite Schar von Boten,*
> *die Wahrsager, die Zauberer,*
> *und die Räucherpriester,*
> *gingen ebenfalls sie zu empfangen (ihnen entgegen).*
> *Aber sie taugten nichts mehr,*
> *sie konnten die Leute nicht mehr bezaubern,*
> *sie konnten ihren Zweck bei ihnen nicht mehr erreichen,*
> *sie gelangten (sogar) nicht mehr hin.*

In nur wenigen Sätzen wird hier der Zusammenbruch einer ganzen Welt beschrieben. Die magisch-mythische Haltung der Mexikaner wirkte angesichts der Spanier plötzlich nicht mehr: sie zerfiel in dem Moment, da sie auf die mentale, rational-technische Haltung der Ankömmlinge traf. Entscheidend war dabei nicht in erster Linie die materielle Überlegenheit der kleinen Gruppe von Spaniern und ihrer Waffen (die kaum zum Einsatz kommen mussten), sondern die Stärke ihres Bewusstseins vis-à-vis der Schwäche der mexikanischen. Gebser: »Denn der Zauber, der echte, magische Zauber, der für die Mexikaner ein tragendes Bewusstseinselement kollektiver Art war, wirkt nur auf die clanmäßig Gleichgestimmten; an nicht clanmäßig Gebundenen und Gleichgestimmten prallt er ab.« Das rational-technische Ich-Bewusstsein der Spanier war durch Zauber und Räucherpriester nicht zu beeindrucken. Dieser Besitz machte sie, mehr als ihre Waffen, den Mexikanern überlegen »und zwar derart überlegen, dass sich die Mexikaner fast kampflos ergaben.« (Gebser 1988, 31). Hätten diese aus ihrer Ich-losen Haltung heraustreten können, wäre der spanische Sieg zweifelhaft oder weniger leicht gewesen.

Dieses Ereignis lässt vermuten, was heute geschehen mag, wenn Menschen aufeinandertreffen, die einerseits dem integralen, andererseits dem defizient-mentalen Bewusstsein angehören: Könnte letzteres »durch ein neues Bewusstsein überwunden werden«, wie Gebser (1988, 31) schreibt? Könnte, ähnlich wie bei den Mexikanern, Verblüffung und Entwaffnung ausgelöst werden? Oder ein Gefühl der Befreiung, Erleichterung oder gar des Entzückens, wie beim Quadrat, als es die Dritte Dimension erblickte? Könnte vielleicht so etwas wie eine Anziehungskraft wirksam sein? Könnte es sein, so Tilman Evers (1987, 226), dass eine qualitative Politik »die Wirkgesetze der gängigen mechanischen Politik mit ihren Prinzipien von Druck und Gegendruck hinter sich lässt? Wirkt sie statt durch den Druck und Gegendruck durch den Sog von Modellen, die Anziehungskraft von gelingendem Leben?«

Viele Erfahrungen bei Satyagraha-Aktionen bzw. selbstmotiviertem Engagement werden auf diesem Hintergrund vielleicht verständlich. Zum Beispiel die folgende Aktion vom Sommer 1983, während einer Friedenswanderung in der Bundesrepublik, von der ein Teilnehmer berichtet: »Eines Freitagnachmittags, nach einer langen, anstrengenden Wanderung in großer Hitze erreichen wir eine weitere Militäreinrichtung. Wir sind jedoch viel zu erschöpft, um uns noch lange zu beraten und einen Konsens über eine mögliche Aktion zu suchen. Ohnehin ist es gegen 18 Uhr: um diese Zeit finden in vielen Städten Schweigestunden für den Frieden statt.

Daher setzen wir uns einfach in einem Kreis auf die Zufahrt vor den Schlagbaum – die zahlreichen Polizisten, Wachleute und Soldaten stehen daneben und schauen: Da sitzen 35 Leute auf der Straße und meditieren. Wir haben keinen Plan, was wir nach dieser Stunde machen würden. Um 19 Uhr stehen wir auf. Dann, plötzlich, wissen wir, was zu tun ist. Wir blinzeln uns zu und haben in zwei, drei Sekunden ohne Worte einen Konsens. Wir entfalten unser langes Transparent mit der Aufschrift ›atomwaffenfreies Europa‹, wir singen das Lied aus der britischen Friedensbewegung ›take those toys …‹, wir singen und tanzen in Schlangenlinien über die Straße, singend und tanzend kriechen unter dem Schlagbaum hindurch, singend und tanzend in das Militärgelände …

Und all die Polizisten, Wachleute und Soldaten? Sie hielten uns nicht auf, sie verhafteten uns nicht, sie standen nur da und schauten …«

Verblüffung, Entwaffnung, Bezauberung oder Anziehung kann sich ereignen, wenn Angehörige verschiedener Bewusstseins-Strukturen sich begegnen. Vielleicht erklärt dies auch die großen Sympathien, die Greenpeace durch ihre Aktionen gewinnen konnten? Oder die Achtung, die buddhistische Mönche wie z. B. Nagahama in der oben geschilderten Aktion bei Passanten und Polizisten zu erwecken vermag? Auch die Erfolge der US-amerikanischen Bürgerrechtsbewegung mit den Aktionen von Irene Morgan, Rosa Parks, Martin Luther King jr. und ihren Mitstreiter/-innen?[9] Oder die Fassungslosigkeit und erstaunliche Höflichkeit, mit der Karl Fritsch, der brutale SS-Schutzhaftlagerführer in Auschwitz, auf Pater Kolbe reagierte?

Ein weiteres Beispiel ist die unglaubliche Wirkung dieses kleinen, so zerbrechlich wirkenden Mahatma Gandhi. Diese beruht weniger auf der »Technik« seiner Protestmethode,

---

9. Vgl. auch die verblüffende Konfliktklärung in Terry Dobsons Geschichte »Die Schnellbahn ratterte« (in: Dass / Gorman 1994, 160–163).

sondern auf seiner gütigen Haltung und seinem unbedingten Glauben an die Würde eines jeden Menschen. Jawaharlal Nehru schrieb über ihn: »Sein Lächeln ist entzückend, sein Gelächter ansteckend, und er strahlt Frohsinn aus. Etwas Kindliches liegt in seinem Wesen, das voller Reiz ist. Wenn er einen Raum betritt, bringt er einen Hauch frischer Luft mit sich, der die Atmosphäre aufhellt.« (zit. in Grabner, 2002, 184)

Keiner seiner Gesprächspartner konnte dem Zauber von Gandhis Persönlichkeit widerstehen. Sein Einfluss auf Menschen bestand nach Ansicht seines Sekretärs Pyarelal Nayyar darin, dass er bei einem Konflikt immer versuchte, »seinen Gegner in einen Bruder, einen Mitsuchenden nach der Wahrheit« (zit. in Grabner 2002, 185) zu verwandeln.

Von einem weiteren Beispiel berichtet die US-amerikanische Friedensarbeiterin Edith E.: »Washington, D.C. an Pfingsten 1983. Ich war allein angereist und zu Gast bei den Benediktinerinnen. Als am nächsten Tag die Aktion »Frauen gegen atomare Aufrüstung« begann, hatte ich den tiefen Wunsch, nicht als eine der ersten verhaftet zu werden, weil ich die ganze Geschichte miterleben wollte. Wir waren 242 Leute und wir sangen und beteten und hielten Blumen und tanzten. Die Polizei verhaftete uns in Zehnergruppen. Die Menge wurde kleiner und immer kleiner, wir sangen immer weiter, es war wunderbar! Schließlich waren wir nur noch zu dritt auf dem Boden. Eine Frau stimmte das Kirchenlied ›Für die Schönheit der Erde, für die Glorie der Himmel ...‹ an.

Bei der ersten Zeile traten drei Polizisten vor, und die anderen beiden Frauen wurden mitgenommen. Ich stand alleine und sang das Lied zu Ende, während mein Polizist höflich einen Meter daneben stand und respektvoll wartete. Er war schwarz. Ich hatte das Gefühl, dass er dasselbe Kirchenlied am Vortag in seiner Kirche gesungen hatte und dass er schweigend mit mir sang. Als ich fertig war, trat er vor, reichte mir seinen Arm, als ob er mich zum Tanz führen wollte, und wir gingen ruhig zum Tisch, wo meine Fingerabdrücke genommen wurden.«

10. »tun«

Das »Tun« steht im Mittelpunkt des zweiten Teils dieses Buches – ebenso wichtig ist jedoch das »Lassen«. Denn gerade Menschen, die sich für Frieden, Gerechtigkeit und Naturbewahrung engagieren, sind in besonderer Weise in Gefahr, auszubrennen (und als Konsequenz vielleicht in Pessimismus oder Zynismus zu verfallen). Sie sind einerseits emotional weniger abgeschottet gegenüber den Katastrophen-Meldungen. Weil sie offen für die Schmerzen über die Welt sind, spüren sie umso mehr die Dringlichkeit, etwas dazu beizutragen, vermeidbares Leid zu mildern oder den Kollaps des Ökosystems Erde noch abzuwenden. Andererseits müssen jedoch viele, die sich engagiert haben, erkennen, dass jahrzehntelange Bemühungen wie Tropfen auf einen heißen Stein anmuten: Armut, Ungerechtigkeit, Naturzerstörung, Rüstung, Kriege usw. gehen weiter und immer weiter.

Erschwerend kommt, wie Cevoli (1986) beobachtete, hinzu, dass viele engagierte Menschen sich fremd im eigenen Land fühlen, wenn sie in einem Umfeld wohnen, das ihre Werte nicht teilt. Während sie ihre Zeit und Kraft z. B. in eine Bürgerinitiative stecken, machen andere Geld und Karriere.

Wie die Friedensarbeiterin Andrea Ayvazian beobachtete, vernachlässigen nicht wenige Aktivisten ihre Partnerschaft und Freundschaften, weil sie zu viele Überstunden und Extra-Termine wahrnehmen. Viele fühlen sich von der Warnung, es sei »5 vor 12«, wie getrieben, gegen den herrschenden Wahnsinn anzugehen und reagieren mit Schuldgefühlen, wenn es darum geht, sich freizunehmen oder angemessen bezahlt zu werden (»denn die Menschen in Afrika sind ja noch schlimmer dran …«); nicht wenige leben trotz hohem Arbeitsaufwand in ärmlichen Verhältnissen. Darüber hinaus herrscht in nicht wenigen Initiativen ein Aktivismus, der dazu führt, dass die Beteiligten über Monate oder Jahre kaum dazu kommen, ihre eigenen Aktivitäten gründlich zu reflektieren (Cevoli 1986).

Dies alles kann zu Symptomen führen, die als Burn-out bezeichnet werden. Dieser Begriff wurde seit Anfang der 1970er-Jahre vom Psychoanalytiker Herbert Freudenberger populär gemacht. Er hatte unter ehrenamtlichen Mitarbeitern von Hilfsorganisationen beobachtet, dass diese nach Phasen der Überanstrengung sehr erschöpft, frustriert und reizbar waren sowie körperliche Beschwerden hatten (Dettmer, Shafy / Tietz 2011, 116).

Seither wurde der Begriff auf immer mehr Berufsgruppen ausgeweitet. Die WHO erklärte beruflichen Stress zu einer der größten Gefahren des neuen Jahrhunderts. Der *Spiegel* kommt 2011 zum Fazit, das die Deutschen ein »Volk der Erschöpften« sind (Dettmer, Shafy / Tietz 2011, 114): Fast jeder Dritte leidet innerhalb eines Jahres an einer psychischen Störung; die Krankschreibungen wegen psychischer Belastungen haben sich seit 1990 fast verdoppelt; rund 4 Millionen Deutsche leiden unter behandlungsbedürftigen Depressionen; 38 Prozent aller Frühverrentungen erfolgen aufgrund seelischer Krankheiten.

Verschiedene Autoren unterscheiden verschiedene Phasen von Burn-out und listen eine Reihe von Symptomen auf:

- Erste Anzeichen sind z. B. Gefühle von Frustration und Ausgelaugt-Sein; Schlafstörungen, Schmerzen, Tinnitus, Unregelmäßigkeiten des Herzschlags, gesteigerte Arbeitsaktivität oder erhöhte Reiz- und Kränkbarkeit. Privates kann immer weniger vom Beruflichen getrennt werden. Die Betroffenen rutschen zunehmend in eine Selbstausbeutung und können immer schlechter regenerieren.
- Zu einem fortgeschrittenen Stadium zählen z. B. aggressive Ausbrüche, blinder Aktionismus, Ohnmachtsgefühle, Gedächtnis- und Konzentrations-Schwierigkeiten.
- Im akuten Burn-out-Zustand kommt es oft zu Arbeitsunfähigkeit oder Kündigung; die betroffene Person fühlt sich

völlig erschöpft, inkompetent, unproduktiv oder apathisch; es droht Depression, Infarkt oder im Extrem Suizid (Ruhwandl 2010; Dettmer, Shafy / Tietz 2011, 117).

Herbert Freudenberger und Gail North (1992) nennen darüber hinaus das Gefühl, alles alleine machen zu müssen, weil Delegieren als zu umständlich und zeitaufwendig erlebt wird. Sozialkontakte werden zunehmend als entbehrlich, belastend oder überfordernd erlebt und gemieden. Aus Furcht vor anderen Menschen kapselt die betreffende Person sich immer mehr ab, wird zynisch, ungeduldig, intolerant und immer weniger einfühlsam. Es entsteht ein Gefühl von Leere; Alkohol, Koffein oder Schlafmittel werden erhöht verbraucht; Termine werden vergessen.

In der wachsenden Zahl von Ratgeber-Literatur zum Thema erhalten Betroffene eine Vielzahl von Tipps, um dem Burn-out entgegenzutreten. So rät beispielsweise die Psychotherapeutin Dagmar Ruhwandl (2010, 37f.) zusammengefasst zu folgenden drei Strategien:

- Regenerieren: Besinnen Sie sich darauf, welche Möglichkeiten der Regeneration Ihnen früher geholfen haben und integrieren Sie die eine oder andere davon wieder in Ihren Alltag. Pflegen Sie auch Freundschaften und ein verlässliches familiäres Umfeld; desgleichen Hobbys, kulturelle Aktivitäten, körperliche Aktivitäten oder Natur-Erfahrung. Erlernen Sie eine Entspannungstechnik und richten Sie Inseln der Ruhe ein, etwa freie Wochenenden ohne E-Mails.
- Delegieren: Verbessern Sie Ihre Kenntnisse in Zeit-Management und Arbeitsorganisation (z. B. sortieren Sie Arbeiten nach Wichtigkeit und Dringlichkeit). Machen Sie eine Bestandsaufnahme Ihrer Hilfs-Möglichkeiten: Wer kann die eine oder andere Tätigkeit übernehmen, um Sie zu entlasten? Lernen Sie, Hilfe anzunehmen.

- Grenzen erkennen: Lernen Sie Achtsamkeits-Übungen und grenzen Sie Ihre Erwartungen an Ihre Arbeit realistisch ab. Schließen Sie mit nicht erreichbaren Dingen ab.

Viele dieser Tipps können auch hilfreich für Menschen sein, die sich – haupt- oder ehrenamtlich – für Frieden, Gerechtigkeit und Naturbewahrung engagierten: Beispielsweise der Ratschlag, sich zu begrenzen, insofern naturgemäß kein Mensch die Kraft und Fähigkeit hat, *alle* Schmerzen über die Welt auf sich zu nehmen und sich für *alle* Problemfelder einzusetzen. Begrenzend ist es, mit einem kleinen Schritt zu beginnen: er gibt Mut für weitere Schritte und eröffnet neue Wege (ter Horst 2009, 17). Begrenzend ist auch, global zu denken, aber lokal zu handeln. Dies ist auch wirkungsvoller, wie die sozialwissenschaftliche Forschung belegt. Nach Joachim Raschke (1988, 392) haben diejenigen Bewegungen bzw. Protestgruppen mehr Erfolg,»die der Formel des ›thinking small‹ folgen, d. h. nur ein oder wenige Issues bearbeiten (aber nicht die ganze Welt ändern wollen).«

Lukas Niederberger (2011) plädiert für »engagierte Gelassenheit« (in diesem Wort steckt ja auch das Wort »lassen«) und die Kunst, zwischen angemessener und unnötiger Sorge zu differenzieren. Ebenso zwischen falscher Gelassenheit (einer versteckten Form von Gleichgültigkeit) und heiligem Zorn, der uns dazu motiviert, gegen Unrecht, Missbrauch, Naturzerstörung anzugehen. Um diese Unterscheidung geht es auch im »Gebet der Gelassenheit«: »Gott, gib mir die Gelassenheit, die Dinge hinzunehmen, die ich nicht ändern kann. Verleih mir Mut, die Dinge zu ändern, die ich ändern kann. Und schenk mir die Weisheit, das eine vom andern zu unterscheiden.«

Sich schönen Dingen wie Kunst oder Musik zu widmen: dies ist besonders wichtig für Menschen, die sich Tag für Tag den Schreckensmeldungen über die Welt aussetzen. Wie die psychologische Hoffnungsforschung zeigt, sind gelingende Beziehungen und ein liebevoller Freundeskreis so etwas wie ein

Lebenssaft, der die Hoffnung aufrecht erhält (Alexander 2008). Auch körperliche Betätigung, Yoga oder Meditation können positive Gegengewichte darstellen: sie sind Resilienz-Faktoren, wie durch die medizinische Forschung belegt wurde (Blech 2008). Zahlreiche Studien haben erwiesen, dass der Aufenthalt in der Natur, vor allem mit Bäumen oder Wasser, Stress abbauen kann (Glomp 2011).

Wandern und Natur-Erleben sind ohnehin integrale Bestandteile mancher Aktionen, etwa bei Friedenswanderungen. Andererseits haben Friedenswanderer über Wochen oder Monate fast keine Privatsphäre; sind immerzu in der Gruppe und öffentlich exponiert. Solche Aktionen zeigen, wie schwer es bei manchem sozialen oder politischen Engagement sein kann, sie vom Privatleben zu trennen. Diese Arbeit ist eben kein »Job«, der pünktlich um 18 Uhr wie der sprichwörtliche Hammer »fallengelassen« werden kann.

Umso wichtiger ist es, für Ausgleich und Erholung zu sorgen, etwa in Form von Engagement-freien Wochen oder Monaten. Auch Ayvazian plädiert dafür, »weniger zu tun, aber dies besser. Was wir brauchen sind Menschen, die das, was sie können, nicht nur ein paar Monate, sondern ein Leben lang tun. Ich sage unseren Leuten manchmal, sie sollen uns alle einen Gefallen tun und ins Bett gehen. Oder tanzen. Oder was immer sie brauchen, um weitermachen zu können. Wir können es uns nicht leisten, Menschen zu verlieren, weil sie zu wenig Spaß hatten. Dafür muss sich die Friedensbewegung von ihrer tief eingewurzelten Vorstellung befreien, wonach wir alle sehr hart arbeiten *und* schlechtbezahlt sein *und* materielle Wünsche aufgeben müssen« (zit. in Cevoli 1986, 21).

So hilfreich viele dieser Tipps sind, so scheint mir dennoch fraglich, inwieweit Burn-out bei sozial oder politisch Engagierten mit Burn-out bei Berufstätigen in der Wirtschaft verglichen werden kann: Michael Schumann vom Soziologischen Forschungsinstitut Göttingen charakterisiert die moderne Arbeitswelt als »zunehmend grausam gegenüber dem

Individuum« (zit. in: Ruhwandl 2009, 21). So ist Burn-out in der Wirtschaft oft die Folge von Fremdbestimmung, Unterforderung, langweiliger Routine, schlechtem Arbeitsklima, mangelnder Anerkennung, entfremdeter Arbeit oder Sinn-Mangel (Ruhwandl 2010, 41; Litzcke / Schuh 2007, 170; Jaeggi 2005).

So gesehen könnte eine heilsame Maßnahme gegen Burn-out in der Wirtschaft auch darin bestehen, sich für menschenwürdige Arbeitsbedingungen einzusetzen oder einen sinnwidrigen Job zu kündigen.

Im Unterschied dazu hat jedoch Burn-out bei Menschen, die sich sozial oder politisch engagieren, häufig ganz andere Ursachen. Entfremdung, Sinn-Verlust, Unterforderung oder Langeweile ist hier nicht das Problem. Mit »Dingen, die nicht erreichbar sind, abzuschließen«, wie Ruhwandl (2009, 24) empfiehlt, ist hier keine Option, denn die Arbeit für Frieden, Gerechtigkeit und Naturbewahrung richtet sich ja genau auf Ziele, die schwer erreichbar sind (auf die »schwer erreichbare Kostbarkeit«, wie es in der Sprache der Märchen heißt). Hier erscheint es mir eher hilfreich, seine Definition von »Erfolg« zu überdenken (dies wurde bereits auf Seite 84 thematisiert) und sich – lokal handelnd – zu begrenzen.

So wichtig es grundsätzlich ist, zu regenerieren, zu delegieren und seine Grenzen erkennen zu können, so scheint mir doch das Problem noch tiefgründiger zu sein. Positiv gewendet, kann m.E. ein tiefergehendes Verständnis von Burn-out hilfreich sein für die Gesundheit derjenigen, die sich sozial oder politisch engagieren – es kann aber auch deren Engagement selbst verbessern. Dies möchte ich an zwei Aspekten verdeutlichen:

Hilflose Helfer?

Sich für Frieden, Gerechtigkeit und Naturbewahrung zu engagieren, ist nicht einfach nur ein »Job«, sondern für die Beteiligten eine Herzensangelegenheit, verbunden mit viel innerer Anteilnahme, Motivation, Arbeit und Zeit. Diese Arbeit zählt in einem erweiterten Sinn zu den helfenden Tätigkeiten; daher halte ich das Verständnis der seelischen Not von Helfern für geeignet, um manche Schwierigkeiten von Menschen zu verstehen, die sich für Frieden, Gerechtigkeit oder Naturbewahrung engagieren. Damit soll ihr Engagement keineswegs abgewertet werden; vielmehr möchte ich an einigen Aspekten zeigen, dass ein tieferes Verständnis der Not dazu beitragen kann, diese Arbeit wirkungsvoller zu gestalten:

Das so genannte »Helfer-Syndrom« wurde von Wolfgang Schmidbauer in seinem Buch »Die hilflosen Helfer« (erste Auflage: 1977) thematisiert. Der Psychotherapeut und Supervisor beobachtete in seiner Arbeit mit Ärzten, Krankenpflegern, Psychotherapeuten und Sozialarbeitern, dass hinter deren stark erscheinender Fassade nicht selten viel Leid, Hilflosigkeit und unbewusste Motive verborgen sind. Etwa narzisstische Bedürftigkeit, die sich – solange sie unerkannt bleibt – dahingehend auswirken kann: dass die Betreffenden z. B. eine unbewusste narzisstische Unersättlichkeit mit sich tragen; dass sie sich stark mit dem Über-Ich identifizieren; oder dass sie Aggressionen nur ganz indirekt auszudrücken vermögen.

Dies verursacht zum einen viel seelisches Leid für die Betroffenen selbst: z. B. wenn sie Anerkennung und Erfolgserlebnisse, wenn es sie denn gibt, kaum annehmen und sich daran emotional kaum »sättigen« können. Oder indem sie sich überarbeiten, um einem überhöhten Ich-Ideal zu entsprechen.

Dies verursacht zum anderen aber auch ungewollte »Nebenwirkungen« für ihre soziale oder politische Tätigkeit. Um nur zwei kurz zu nennen:

Nebenwirkung 1: Die starke Identifizierung mit dem Über-Ich und einem überhöhten Ich-Ideal ist nach Schmidbauer (1991, 204) problematisch, wenn sie den Helfer dazu verführt, »seine eigenen Gefühle und Bedürfnisse nicht wahrzunehmen. Er bekämpft durch sein Verhalten seine Unfähigkeit, etwas für sich zu tun. Er füllt eine innere Leere aus.« Dies kann so weit gehen, dass das Helfen bzw. Engagement mit der Zeit zu einer Art Zwang wird, das unfroh, mürrisch und unbarmherzig gegen das eigene Selbst getan wird. Dieser Typus des griesgrämigen Aktivisten erscheint mir recht verbreitet; er ist das Gegenteil von der Haltung, die für Gandhi das Wesen von Satyagraha ausmacht.

Nebenwirkung 2: Wer die Welt und Beziehungen aus der Warte des Über-Ich angeht, der bewegt sich, so Schmidbauer (1991, 186), »in der Dialektik richtig – falsch, gut – böse, wobei über diese Werte nicht einfühlsam und realitätsbezogen gesprochen wird. Vielmehr macht sich eine deutliche Neigung bemerkbar, sie starr zu verteidigen, mit indirekter Aggression gegen andere Werte vorzugehen und den Menschen, die sie vertreten, vorwurfsvoll zu begegnen.«

In politischen Diskussionen mit Andersdenkenden (z. B. bei Aktionen der Friedensbewegung) habe ich häufig erlebt, dass Meinungsverschiedenheiten zunehmend polarisieren und zu verbalen »Aufrüstungsspiralen« eskalieren. Rückblickend denke ich, dass daran nicht selten auch wir Aktivisten beteiligt waren: Indem wir, indirekt aggressiv, uns selber als »gut«, die »richtige Sache« vertretend, darstellten, und damit unbewusst dem Gesprächspartner die Position des »Bösen« zuwiesen. Solange die zugrunde liegende narzisstische Bedürftigkeit des Helfers bzw. Aktivisten nicht bewusst gemacht wird, besteht die Gefahr, dass unbewusst genau das gefördert wird, was eigentlich bekämpft wird: Polarisierung, Aggression und »Aufrüstung«.

Beide Beispiele mögen illustrieren, dass Selbsterfahrung für sozial oder politisch Engagierte (z. B. in Form von Supervision) dazu beitragen kann, die eigene Arbeit qualitativ zu verbessern. Dies ist ein weiterer Hinweis darauf, wie wichtig es ist, den »inneren« und »äußeren« Weg zusammenzubringen.

Über die Zeit

Keine Armee der Welt kann sich der Macht einer Idee widersetzen, deren Zeit gekommen ist.

Victor Hugo

Mit den Augen eines Wirtschafts-Managers betrachtet ließe sich mancher Burn-out von Aktivisten auch durch besseres Management »wegrationalisieren«. Aus dieser Sicht könnte so manche Initiative für Frieden, Gerechtigkeit und Naturbewahrung ihre Arbeit »effektivieren« mit Hilfe von Kompetenzen in »Zeit-Management« und Arbeitsorganisation. Dadurch könnte ihr »Verbrauch« der »Ressourcen« Arbeitszeit und Energie »optimiert« und folglich manche Erschöpfung »eingespart« werden. Hinter dieser Betrachtung steht freilich ein *quantitatives* Konzept von Zeit, wie es charakteristisch ist für die dreidimensional-mentale Bewusstseins-Struktur: Zeit ist gleich »Uhr-Zeit«.

Zeit ist jedoch nicht nur Quantität, sondern auch *Qualität*; diese Dimension von Zeit erschließt sich (in Jean Gebsers Begrifflichkeit) erst einem vierdimensional-integralen Bewusstsein. Hier geht es um die Einsicht, dass Zeit nicht nur »Ressource« und »Gegenstand« ist, der in immer gleichen Abständen – Sekunden, Minuten, Stunden usw. – linear abläuft. Vielmehr besitzt jeder Augenblick auch seine ganz eigene Qualität. Dieser Zeitbegriff ist z. B. im Alten Testament so formuliert:

> Ein jegliches hat seine Zeit, und alles Vornehmen unter dem Himmel hat seine Stunde. Geboren werden und sterben, pflanzen und ausrotten, was gepflanzt ist, würgen und heilen, brechen und bauen, weinen und lachen, klagen und tanzen, Stein zerstreuen und Steine sammeln, herzen und ferne sein von Herzen, suchen und verlieren, behalten und wegwerfen, zerreißen und zunähen, schweigen und reden, lieben und hassen, Streit und Friede hat seine Zeit.«
>
> *Prediger, Kapitel 3, 1-8*

Dieses Zitat ließe sich so fortsetzen: »Auch beten und demonstrieren hat seine Zeit, meditieren und protestieren, stillhalten und kämpfen, lassen und tun, nach innen schauen und im Außen aktiv werden, einatmen und ausatmen usw. hat seine Zeit.«

Bezogen auf das Thema dieses Kapitels bedeutet ein qualitatives Verständnis von Zeit dies: Erschöpfung mag zwar in manchen Fällen die Folge davon sein, dass mit der »Quantität« Zeit nicht gut umgegangen wurde. Sie kann aber auch etwas ganz anderes bedeuten: dass wir vielleicht das Richtige tun, dies jedoch zum falschen Zeitpunkt. Denn kaum etwas erschöpft so sehr wie ein Handeln, für das die Zeit nicht gekommen ist (und kaum etwas ist so wenig wirkungsvoll).

Positiv gewendet: Kaum etwas vermag so zu energetisieren wie ein Handeln, für das die Zeit gekommen ist, das der jeweiligen Zeit-Qualität entspricht. Dies meint auch Tilman Evers (1987, 229), wenn er über eine Politik »gelebter Wahrhaftigkeit« schreibt: diese »Arbeit scheint mehr Kraft zu geben, als zu kosten, selbst Zufälle kommen zu Hilfe«. Dies wurde auch in Monika Griefahns Bericht über die Anfänge von Greenpeace deutlich (Seite 123). George Leonard (1986, 128, 141) spricht von Augenblicken des »vollkommenen Rhythmus«, in denen unser Handeln leicht, richtig und mühelos, erfüllt und intensiv zu sein scheint; wir haben dabei »das Gefühl, mit allem in der Welt ›synchron‹ zu schwingen.«

Ein hervorragendes Gespür für die Qualität der Zeit hatte Gandhi, auch dies erklärt m. E. seine außergewöhnliche Wirksamkeit. Er war keineswegs der permanent tätige Aktivist, sondern legte großen Wert darauf, Zeiten für Gebet, Meditation und die Arbeit am Spinnrad zu haben. So gab Gandhi Ende 1925 den Kongressvorsitz auf und zog sich in den Sabarmati-Ashram zurück, um 1926 ein Jahr des Schweigens einzulegen. Erst 1927 ging er wieder auf Reisen, um zu den Menschen in verschiedenen Teilen des Landes zu sprechen. Ende 1929 erklärte Jawaharlal Nehru den 26. Januar 1930 zum Tag der

Unabhängigkeit Indiens; Gandhi wurde bevollmächtigt, eine Bewegung des Widerstands gegen die Briten zu organisieren. Grabner (2002, 195) schreibt über die folgenden Wochen: »Wieder einmal stand der Mahatma im Brennpunkt des politischen Geschehens. Indien schaute nach Sabarmati, wohin er sich zurückgezogen hatte, um zu meditieren. Sechs lange Wochen verstrichen, ohne dass sich Gandhi äußerte, auf welche Weise er den Kampf zu führen gedachte.« Was dann geschieht, ist im Spielfilm »Gandhi« (Attenborough 1982) eindrucksvoll dargestellt: Man sieht Gandhi im Ashram, meditierend, spinnend, im Gespräch mit einem westlichen Journalisten. Plötzlich – unterstrichen durch markante Sitar-Musik von Ravi Shankar im Hintergrund – geht es wie ein »Ruck« durch Gandhi; er wirkt ganz wach, richtet sich auf und scheint nach etwas zu schnüffeln, was »in der Luft zu liegen« scheint. Dann springt er auf, ganz energetisiert, um den Salzmarsch vorzubereiten: eine Aktion, die so harmlos zu sein schien, und doch letztendlich die Kapitulation der Briten einläutete. Ganz offenkundig: eine Aktion zum richtigen Zeitpunkt.

Dieser Aktion gingen sechs Wochen der Meditation voran. Sechs Wochen! Welche Ungeheuerlichkeit in einer Zeit, in der so viele Menschen um Gandhi erwarteten, dass es schneller gehen soll! Und doch sind diese Wochen eine ganz wesentliche Zeit, da nur in der Stille des Ashrams etwas Neues heranreifen konnte. Gandhi sprach oft von seiner inneren Stimme (die er zugleich als Stimme der Massen verstand), die zu ihm unerwartet, dann jedoch verpflichtend sprach. In seiner Gandhi-Biographie schreibt Erik Erikson (1978, 492): »Der Augenblick der Wahrheit ist plötzlich da – ohne Vorankündigung und flüchtig in seiner Stille.«

Ich erinnere an dieser Stelle noch einmal an die grundlegende Bedeutung von Dunkelheit, Stille und Eigen-Zeit, ohne die kreative Prozesse nicht möglich sind. Im Nicht-Tun, in der Ruhe liegt die Kraft. Dies gilt umso mehr für die Gegenwart, in der alles immer schneller und noch schneller gehen soll.

Es dürfte kein Zufall sein, dass Deutschland ein Land mit wenig Hoffnung und zugleich mit höchsten Geschwindigkeiten (z. B. auf Autobahnen) ist; zudem ein Land, in dem Stille und Dunkelheit nahezu ausgerottet sind. Nahezu jeder Winkel ist belärmt und ausgeleuchtet, wie auch nächtliche Aufnahmen aus dem Weltraum belegen. Es ist wohl auch kein Zufall, dass in immer mehr Einrichtungen, Hochschulen, Schulen, sogar schon Kindergärten, die Mitarbeiter/-innen mit immer mehr Formularen überschüttet werden. Aufgrund des überhandnehmenden Zeitdruckes kommen sie immer weniger zum Nachdenken über die wesentlichen Fragen: Was tun wir hier eigentlich?

Damit sind wir ein weiteres Mal beim Geist des Kapitalismus und der protestantischen Ethik. Wie Max Weber (2000, 124f.) belegt, ist Zeitdruck ein charakteristisches Merkmal dieser Haltung. Demnach dient nur Handeln dem Willen Gottes, nicht Muße oder Genuss. »Zeitvergeudung ist also die erste und prinzipiell schwerste aller Sünden. (…) Zeitverlust durch Geselligkeit, ›faules Gerede‹, Luxus, selbst durch mehr als der Gesundheit nötigen Schlaf – 6 bis höchstens 8 Stunden – ist sittlich absolut verwerflich (…) Wertlos und eventuell direkt verwerflich ist daher auch untätige Kontemplation.«

Es liegt – gerade auch angesichts der Dringlichkeit, mit der die globalen Krisen sich zuspitzen – verführerisch nahe, auch im politisch-sozialen Handeln in hektischen Aktionismus zu verfallen. Aber wo könnte inmitten all dieses Getriebenseins die Kraft und Inspiration für sinnvolles Handeln herkommen? Wenn wir aus dem »Immer-mehr«-Land ausziehen wollen, dann müssen wir uns auch vom »Immer-schneller« verabschieden. Denn nur im Innehalten kann der Mensch einen »Instinkt für das Wesentliche« entwickeln, so der Mediziner Olaf Koob (2011) in seinem Buch »Hetze und Langeweile. Die Suche nach dem Sinn des Lebens.«

Gerade durch Leere, durch den Verzicht auf das Planen, Suchen, Wünschen, Wollen und Tun, durch äußerliche Passivität kann sich innerlich Neues entwickeln. Langeweile ist »Inkubationszeit«, für Verena Kast die produktivste unter den Emotionen (Gühlich 2009, 27f.). Gehirnforscher haben festgestellt, dass gerade »›müßiges Nichtstun‹ die Durchblutung in bestimmten Hirnregionen anregt und damit auch schöpferische Tätigkeit.« (Romankiewicz 2010, 77)

Ein bekannter Protest-Slogan lautet: »Wehrt Euch, leistet Widerstand!« Heute muss eine der wichtigsten Widerstands-Aktionen darin bestehen, Zeiten und Inseln der Stille und der Muße zu retten. In der jüdisch-christlichen Tradition steht dafür der Sabbat bzw. Sonntag. Die Ruhe, die dieser Tag verheißt, ist für Matthew Fox (1996, 337) nicht nur eine persönliche Ruhe, sondern »ist ein Vorspiel auf die Ruhe, um die es in allen gerechten Beziehungen und in allen verbindenden Handlungen geht. Deshalb geht es dabei um Hoffnung.« Nur wenn wir die Arbeit, die wir tun, auch unterbrechen, sind wir in der Lage, »uns der Arbeit zuzuwenden, die nötig ist. Dieses Innehalten, diese Fähigkeit des Loslassens und Zulassens, ist eine geistige Tat.« (Fox 1996, 337). Dies meint auch Paulus, wenn er vom Entleeren spricht; dies meint Meister Eckhart mit Loslassen, der Buddhismus mit Nicht-tun. Rainer Maria Rilke (2007, 172) fragt sich, »ob nicht unser Handeln selbst, wenn es später kommt, nur der letzte Nachklang einer großen Bewegung ist, die in untätigen Tagen in uns geschieht? Jedenfalls ist es sehr wichtig, mit Vertrauen müßig zu sein, mit Hingabe, womöglich mit Freude.«

Im zweiten Teil dieses Buches habe ich ein Handeln für Frieden, Gerechtigkeit und Naturbewahrung beschrieben, das von einer Haltung der Hoffnung getragen ist: Ein Engagement, das auf einem grundsätzlichen »Ja!« zum Leben beruht und dem Bedürfnis, sich – ganz nach den eigenen Fähigkeiten und Möglichkeiten – in die Gestaltung der Gesellschaft einzubringen. Ein gesellschaftliches, ökologisches oder politisches Handeln, welches Sinn-voll und Selbst-verwirklichend ist, Ausdruck eines integralen Bewusstseins. Die gute Nachricht ist, dass keine »falschen Verhältnisse« uns davon abhalten können, diese Haltung zu pflegen. Und dass wir damit »schon im neuen Leben« stehen. Eine treffliche Zusammenfassung dieser Haltung finde ich in der folgenden Geschichte, von der Peter Payne (1981, 30f.) berichtet:

> *Ein Meister der japanischen Tee-Zeremonie aus der Provinz Tasa hatte keinerlei Fähigkeiten im Kämpfen, war jedoch von großer meditativer und spiritueller Vollkommenheit. Aus Versehen beleidigte er eines Tages einen ranghohen Samurai und wurde zum Duell herausgefordert. Er ging zum örtlichen Zen-Meister und fragte um Rat. Der Meister sagte ihm offen, dass er nur wenig Chance habe, das Gefecht zu überleben, dass er sich aber einen ehrenhaften Tod sichern könne, wenn er den Kampf angehen würde wie das förmliche Ritual der Tee-Zeremonie. Er solle seine Gedanken sammeln und dem kleinlichen Geschnatter der Gedanken an Leben und Tod keine Aufmerksamkeit schenken. Er solle geradeheraus das Schwert ergreifen wie den Löffel in der Tee-Zeremonie; und mit derselben Präzision und Gedankenkonzentration, mit der er das kochende Wasser über den Tee gösse, solle er vorwärtsschreiten, ohne an die Konsequenzen zu denken, und seinen Gegner mit einem Schlag niederstrecken.*
>
> *Der Tee-Meister bereitete sich entsprechend vor und entsagte aller Angst vor dem Tod. Als der Morgen des Duells kam und der Samurai der völligen Gelassenheit und Furchtlosigkeit seines Gegners begegnete, war er so erschüttert, dass er sogleich um Vergebung bat und den Kampf absagte.*

Teil III

Guter Hoffnung sein

guter Hoffnung, guter Hoffnung sein oder in der Hoffnung sein:

Synonyme für: schwanger, ein Kind erwartend, ein Kind in sich tragend, gesegneten Leibes sein, werdende Mutter sein.
Redewendung: mit etwas schwanger gehen: sich schon lange mit einem bestimmten Plan, einer geistigen Arbeit beschäftigen.

Wer eine starke Hoffnung hat, erkennt und liebt alle Zeichen neuen Lebens und ist jeden Augenblick bereit, dem, was bereit ist geboren zu werden, ans Licht zu helfen.

Erich Fromm

Gegen die bisherigen Kapitel dieses Buches könnte pessimistisch eingewendet werden: Was bringt es schon, sich für Frieden, Gerechtigkeit und Naturbewahrung zu engagieren, ist es nicht schon viel zu spät? Inwieweit könnte ein solches Engagement Auswirkungen haben auf die Gesellschaft oder gar die Welt? Wäre es nicht vermessen zu erwarten, dass eine einzelne Person oder eine Gruppe einen nennenswerten Einfluss auf kollektiv-menschheitliche Lernprozesse haben könnte? Denn um nichts Geringeres geht es ja heute:

Mit dem Immer-noch-Mehr, -Schneller, -Höher, -Weiter usw. fährt die Menschheit die Schöpfung gegen die Wand. Daher benötigen wir zukünftig ganz andere Konzepte zu leben und zu arbeiten; eine qualitativ veränderte Art und Weise, uns selbst und die Mit-Schöpfung wahrzunehmen und uns zu ihr zu verhalten. Denn nicht der Klimawandel ist das Problem, sondern »die globalisierte Industrie-Konsum-Zivilisation« (Grober 2010, 276), die den Klimawandel und die Zerstörung der Biosphäre erst hervorbringt. Wie könnten diese notwendigen Veränderungen geschehen – in der Kürze der noch verfügbaren Zeit?

In den folgenden Kapiteln möchte ich, von verschiedenen Blickwinkeln aus, begründen, dass die Lage keineswegs hoffnungslos ist: Die Gegenwart ist voller Zukunft; sie ist wie eine Zeit der Schwangerschaft, in der ein neues Lebewesen heranwächst und danach drängt, in die Welt kommen zu dürfen. Die Voraussetzungen für eine friedliche, gerechte und naturbewahrende Welt – für Eine Welt – sind zu großen Teilen bereit. Die Ansätze für eine andere, gelingende Zukunft sind so deutlich, dass ein Jesaja II heute wohl ausrufen würde: »Seht her, hier wächst etwas Neues. Schon kommt es zum Vorschein, merkt ihr es denn nicht?!«

1. Drei Denkblockaden

Dass wir das Neue oft – noch – nicht sehen können, liegt vor allem daran, dass wir die zu lösenden Aufgaben mit einer »falschen Brille« betrachten, die den Eindruck von Hoffnungslosigkeit erzeugt: nämlich mit einem mentalen Bewusstsein, das wie erwähnt »defizient«, überholt ist, Teil des Problems. Das ist, als ob wir eine dunkel getönte Brille aufsetzen und uns dann wundern, dass die Welt düster aussieht. Demnach empfiehlt es sich, die verdunkelnde Brille abzusetzen und die Aufgabe mit einem integralen Bewusstsein, Teil der Lösung, anzuschauen. Die verdüsternde Brille kommt in drei Ausführungen:

Die Kausalitäts-Brille

Zum Kern des westlichen, mentalen Bewusstseins gehört das Kausalitäts-Denken, welches wiederum auf »der starren Vorstellungswelt der mechanischen Physik« (Gebser 1988, 506f.) basiert. Dieses Denken beansprucht, die Abfolge von Ereignissen zu erklären, die aufeinander bezogen sind: A ist die Ursache für die Wirkung B. Wenn z. B. ein Fußball getreten wird (A), dann rollt dieser in jene Richtung (B). Die Vorrangstellung, die das Kausalitäts-Prinzip innerhalb des mentalen Bewusstseins innehat, wurde allerdings schon vor fast hundert Jahren durch die moderne Physik selbst relativiert. Etwa durch die Quantenphysik, die entdeckte, dass es grundlegende Abläufe gibt, die »akausal, unstetig, indeterminiert verlaufen.« (Gebser 1988, 507).

Das Kausalitäts-Prinzip ist vor allem zu relativieren in Bezug auf Prozesse gesellschaftlicher Veränderung. Denn diese sind häufig viel zu komplex, als dass sie auf eine einzige Ursache A (oder auf eine überschaubare Zahl von Ursachen) und deren Wirkung B reduziert werden könnten. Da es beim Thema Hoffnung um nichts weniger als kollektive Lernprozesse geht, haben wir es mit nicht weniger als ca. 7 Milliarden menschlichen Akteuren (plus weiteren Einflussfaktoren) zu tun.

Angesichts dieser ungeheuer großen Komplexität mit milliardenfachen Ursachen und Wechselwirkungen verbietet es sich, gesellschaftliche Veränderungs-Prozesse allein mit der »Brille« des mentalen Bewusstseins und dessen Kausalitäts-Denken zu betrachten. Und doch geschieht dies alltäglich, etwa wenn eine politische oder soziale Aktion skeptisch hinterfragt wird: »Was bringt so was schon?« Die Antwort darauf kann nur lauten: »Das kann niemand vorhersagen.«

Sofern naturwissenschaftliche Denkmodelle überhaupt geeignet sind, gesellschaftliche Prozesse zu beschreiben, dann ist dafür eher die Chaos-Theorie geeignet. Diese versucht etwa seit Mitte des 20. Jahrhunderts Systeme zu beschreiben, die sich aufgrund ihrer großen Komplexität unvorhersagbar verhalten, wie z. B. Wetter, Erosionen, Turbulenzen oder Verkehrsstaus. Dabei wurde beobachtet, dass sich schon geringfügig kleine Veränderungen der Anfangsbedingungen zu einem völlig veränderten Verhalten des gesamten Systems hochschaukeln können.

So errechnete der US- amerikanische Meteorologe Edward Lorenz im Jahr 1963 mit Hilfe eines Computers eine langfristige Wettervorhersage. Dazu gab er die verschiedenen relevanten Werte ein, darunter, bis auf sechs Dezimalstellen genau, einen Wert 0,506127. Bei einer Überprüfung der Berechnung gab er nur noch die ersten drei Dezimalstellen dieser Zahl ein (0,506), also einen Wert, der nur um etwas mehr als ein Zehntausendstel von der ersten Berechnung abwich. Zu seiner großen Überraschung unterschieden sich die beiden Wetterprognosen jedoch sehr stark voneinander und zeigten am Ende keine Gemeinsamkeit mehr.

Diese Entdeckung wurde als Schmetterlingseffekt popularisiert. Der Begriff geht zurück auf den Titel eines Vortrags, den

Lorenz 1972 auf einer wissenschaftlichen Tagung hielt:»Kann der Flügelschlag eines Schmetterlings in Brasilien einen Tornado in Texas auslösen?« Festzuhalten ist, dass kleine Ursachen unter Umständen große Wirkungen haben *können* (die Betonung liegt auf»können«, denn gewiss können kleine Ursachen häufig auch nur kleine Wirkungen auslösen).

Die mathematische Brille

Zum Kern der mentalen Bewusstseins-Struktur gehört auch ein mathematisches Denken, welches wiederum auf dem»Procedere des Gleichsetzens« (Gebser 1988, 479) basiert. Denn um z. B. zwei verschiedene Gegenstände miteinander verrechnen zu können (wie etwa 1 + 2 = 3), müssen diese beiden zuerst gleichgesetzt werden. Beispielsweise können ein Apfel und zwei Orangen erst dann aufaddiert werden, wenn wir ihnen ihre spezifischen Qualitäten als Apfel bzw. Orangen nehmen und sie zu 1 + 2 = 3 Stück Obst abstrahieren.

Diese Denke hat durchaus ihre Berechtigung für bestimmte Bereiche der Wirklichkeit, auch z. B. für die Auszählung von Wählerstimmen. Ein weiteres Beispiel ist die Wahrnehmung, Berichterstattung und Bewertung von Protestkundgebungen. Im Nachhinein berichten die Medien z. B. von»100.000 Teilnehmern«. Der Leser dieser Meldung mag sich denken:»Wenn ich auch daran teilgenommen hätte, dann wären wir 100.001 Teilnehmer gewesen.« Tatsächlich aber hätte ein weiterer Teilnehmer vermutlich null Konsequenz für die mediale Berichterstattung und für die Wirkung der Aktion in der Öffentlichkeit gehabt. In den Medien wäre dennoch nur von 100.000 Teilnehmern berichtet worden.

Beide Beispiele vermitteln wenig Hoffnung. Sie entmutigen, weil der Einzelne jeweils auf eine unbedeutende Ziffer reduziert wird. So kann Hoffnungslosigkeit leicht dadurch entstehen, dass gesellschaftliches Handeln durch die»Brille« mathematischen Denkens betrachtet werden. Dies ist jedoch nur bedingt zulässig, denn gesellschaftliche Veränderungen funktionieren in vielerlei Hinsicht *nicht* nach den Regeln einfacher Mathematik. Auch wenn das sozialwissenschaftliche Wissen über gesellschaftlichen Wandel noch bruchstückhaft sein mag (Kern 2008, 9; Raschke 1988, 409), so ist doch gewiss, dass er keine Mehrheit von mindestens 50,1 Prozent der Bevölkerung voraussetzt. Vielmehr reichen schon wenige Personen aus, so Len Fisher (2010, 46f.), um das Verhalten einer großen Gruppe zu beeinflussen. Dazu einige Beispiele:

Der Sozialpsychologe Stanley Milgram ließ im Jahr 1969 seine Mitarbeiter von der Straße aus zu einem Fenster im sechsten Stock eines Gebäudes hinaufstarren. Solange nur eine Person zum Fenster hochblickte, blieben immerhin 40 Prozent der Passanten stehen und starrten mit. Deren Anteil stieg auf 60 bzw. 90 Prozent, als zwei bzw. fünf Mitarbeiter zum Fenster hinaufsahen.

Andere Untersuchungen kommen zum Ergebnis, dass schon fünf Prozent der Teilnehmer ausreichen können, um eine Gruppe von 200 Personen mit hoher Wahrscheinlichkeit zu beeinflussen. In Computermodellen wurde sogar gezeigt, »dass der Anteil der Anführer umso kleiner sein kann, je größer die Gruppe ist.« (Fisher 2010, 46) Festzuhalten ist, dass schon kleine Gruppen viel Veränderung bewirken können. Margaret Mead sagte 1969: »Zweifeln Sie nie daran, dass eine kleine Gruppe nachdenklicher und engagierter Bürger die Welt verändern kann. In der Tat: das ist das einzige, was sie je verändert hat.« (zit. in: Perlas 2006).

Veränderung vermag schon jede/r Einzelne zu bewirken. Dies möchte ich illustrieren mit einem Bild aus der hinduistischen Philosophie, das die Komplexität des »Systems Menschheit« veranschaulicht: Der Himmel des altindischen Gottes Indra besteht aus einem Netz durchsichtiger Perlen, die sich gegenseitig spiegeln. So erscheinen in jeder Perle die Spiegelbilder aller anderen. In ähnlicher Weise können wir uns jeden

Menschen als eine Perle und die Menschheit als ein Netzwerk sich gegenseitig spiegelnder Perlen vorstellen. Dieses Bild illustriert, dass kein Mensch »außerhalb« der Menschheit steht. Jeder *ist* Teil des Ganzen, unabhängig davon, ob er oder sie diese Verantwortung akzeptiert oder nicht. Niemand ist »nicht-beteiligt«. Auch wer sich nicht politisch in die Gesellschaft einbringt, leistet einen aktiven Beitrag. In diesem Fall dazu, dass die Dinge so bleiben, wie sie sind. Positiv gewendet: Wenn nur ein einzelner Mensch sich verändert, werden damit auch alle anderen verändert; so wie alles, der ganze Himmel von Perlen, verändert wird, wenn eine einzige Perle sich verändert.

Auf welche Weise sich politische Überzeugungen oder neue Ideen in einer Gesellschaft verbreiten, dies ist – auch aufgrund der großen Komplexität – noch kaum verstanden. Erst in den letzten Jahren wird es mit Hilfe moderner Computer möglich, die erforderlichen riesigen Datenmengen überhaupt zu erfassen und zu beginnen, sie zu erschließen. Einer dieser neuen Generation von Sozialforschern, Nicholas Christakis, kommt zum Ergebnis, dass sich Ideen durch »soziale Ansteckung« ausbreiten, die durch soziale Netzwerke verstärkt werden können. Oft ist für das Überspringen von Mensch zu Mensch nicht einmal ein direkter Kontakt nötig (Dworschak 2008, 150).

Mit dieser These werden tradierte Vorstellungen von gesellschaftlichem Wandel obsolet. Etwa die Vorstellung, wonach Menschen, die verändernd wirken, besonders erkennbar sein müssten und über besondere Eigenschaften wie z. B. »Charisma« verfügen würden. In Experimenten zeigten sich andere Möglichkeiten der Ausbreitung: Unter gewissen Voraussetzungen können wir »eine Gruppe schon allein dadurch führen, dass wir ein Ziel haben.« (Fisher 2010, 46)

Bisher wurde oft davon ausgegangen, dass es sogenannte »Meinungsführer« gäbe, die zur Verbreitung von Ideen beitragen. So vertraten Elihu Katz und Paul Lazarsfeld in den 1950er-

Jahren die Theorie, dass Meinungsführer andere Menschen dadurch beeinflussen, dass sie den Medien Informationen entnehmen und an andere weitergeben. In ihrem Buch »Persönlicher Einfluss und Meinungsbildung« beschrieben die Autoren solche Meinungsführer als »Mittler zwischen den Urhebern einer Idee und dem Rest der Gesellschaft.« (Fisher 2010, 141). Auch diese Vorstellung wird durch neueste Erkenntnisse der Netzwerkforschung widerlegt: »Wenn Sie Ihren Einfluss in Ihrer Umgebung ausüben wollen, dann sollten Sie die Meinungsführer einfach vergessen und versuchen, eine kritische Masse von Menschen zu überzeugen und einen Dominoeffekt anstoßen.« (Fisher 2010, 141) Das formulierte der US-Präsident Dwight Eisenhower 1959 so: »Der Tag wird kommen, an dem die Menschen den Frieden in der Welt so sehr wollen, dass die Regierungen besser aus dem Weg gehen und sie Frieden haben lassen.«

Vieles spricht also dafür, sich mit sozialen oder politischen Anliegen nicht primär an Politiker oder »Prominente« zu wenden, denn diese haben oft ihre eigenen Ziele und sind von Mitarbeitern abgeschirmt, so Fisher (2010, 141). Vielmehr ist es wirkungsvoll, ein Netzwerk von Gleichgesinnten aufzubauen. Dies wird durch die neuen Medien (Handy, Internet) stark vereinfacht; daraus sind völlig neue Formen politischen Handelns erwachsen. Etwa wenn sich Menschen kurzfristig über soziale Netzwerke, Mailinglisten oder Foren an öffentlichen Plätzen verabreden, um dort politische Aktionen (»Smartmobs«) durchzuführen (Postel 2010, 28).

Die Brille linearen Denkens

Aber wie schafft man eine »kritische Masse«? Mental-mathematisches Denken verführt dazu, sich gesellschaftliche Veränderung als eine »Entwicklung« vorzustellen, die mehr oder weniger linear geschehe, vergleichbar mit dem stetigen Wachstum einer Pflanze oder der sich allmählich »entwickelnden« Nachfrage nach einem Produkt.

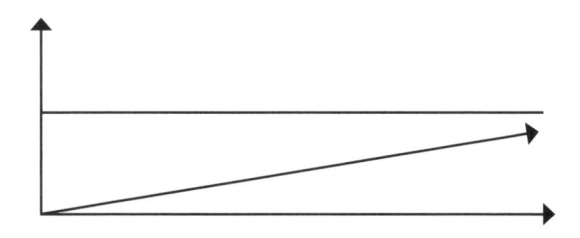

Visualisiert wäre dies z. B. eine Graphik mit einem Zeitpfeil (Horizontale) und einer Vertikale, die für die Zahl der »Überzeugten« oder »Anhänger« einer neuen Idee steht. Die leicht aufsteigende Linie bezeichnet die Zahl der Menschen, die Jahr für Jahr für eine neue Idee gewonnen wurden (aufgrund einer Art Zinseszins-Effekt könnte man sich auch eine leicht nach oben gebeugte Kurve vorstellen): Dieses Jahr x Personen, nächstes Jahr x plus einige mehr (weil die Zahl der »Überzeugten« größer geworden ist und daher mehr Menschen als zuvor Überzeugungsarbeit leisten) usw.. Durch kontinuierliches Engagement, so die Annahme, wird irgendwann in der Zukunft eine entscheidende Schwelle (eine kritische Masse von Y Prozent der Bevölkerung) überschritten, und damit ist die erwartete Veränderung erreicht.

Bei manchen Kampagnen für Frieden, Gerechtigkeit oder Naturbewahrung habe ich den Eindruck, dass im Hintergrund in etwa eine solche Erwartung steht, wie sie hier, ein wenig überspitzt, formuliert wurde: Dieses Jahr gewinnen wir soundso viele Menschen »für unsere Sache« hinzu, nächstes Jahr noch einige mehr usw., und irgendwann in der Zukunft wird unsere Idee mehrheitsfähig, und das Ziel ist erreicht.

So geschehen gesellschaftliche Veränderungen gewiss *nicht*! Sie ereignen sich vielmehr nicht-linear, unregelmäßig und unvorhersehbar, etwa wie in der folgenden Graphik:

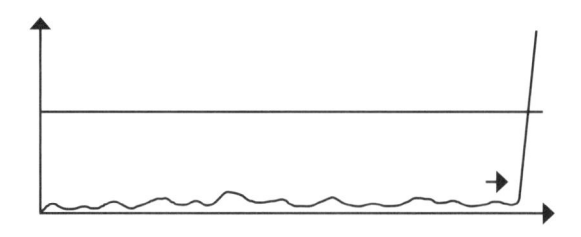

Für die Nicht-Linearität von gesellschaftlichen Veränderungen gibt es zahllose Beispiele, etwa die Protestbewegungen in Tunesien, Ägypten, Libyen, Syrien, Jemen und anderen arabischen Ländern im Jahr 2011, die noch wenige Monate zuvor ganz unvorstellbar gewesen wären. Oder der Fall der Berliner Mauer im Herbst 1989 und der Zusammenbruch der kommunistischen Staaten Osteuropas. Ein weiteres Beispiel:

In einem kleinen Tal in den Rocky Mountains im US-Staat Idaho, einer – seit der Stilllegung des örtlichen Bergwerks – wirtschaftlich desolaten und politisch reaktionären Gegend; Ende der 1980er-Jahre. Zufällig erfährt Michael L., Besitzer eines kleinen Restaurants, vom Plan einer Firma, das ehemalige Bergwerksgelände aufzukaufen, um dort eine Verbrennungsanlage für PCB-haltige Öle aus alten Transformatoren zu bauen. Einem anfangs nur intuitiven Verdacht folgend eignet sich Michael während vieler Wochen chemisches Fachwissen an. So findet er schließlich heraus, dass PCB (polychlorierte Biphenyle) giftige, krebserzeugende Chlorverbindungen sind. Falls die geplante Anlage nicht völlig vorschriftsmäßig betrieben würde, könnten aus der geplanten Anlage Gifte wie bei den Katastrophen im italienischen Seveso 1976 oder im indischen Bhopal 1984 austreten und das Tal vergiften.

Michael trommelt einige Freunde zusammen, um mit ihnen die Sache zu besprechen. Die kleine Gruppe beginnt, Protestbriefe zu schreiben, die Presse zu informieren, Politiker anzurufen und von Tür zu Tür gehen, um weitere Mitstreiter zu gewinnen. Die ersten sechs Wochen lang zeigen ihre Bemühungen nahezu keine Fortschritte. Plötzlich aber veränderte sich alles, wie ein Mitglied der Gruppe, die Hausfrau Debbie H. erinnert:

»Von einem Tag auf den anderen geschah so etwas wie ein Sprung. Es war, wie wenn der Wind plötzlich aus einer anderen Richtung wehen würde. Die Lokalzeitung, die uns bis dahin völlig ignoriert hatte, berichtete über die Sache und druckte ein Interview mit uns. Politiker aus Boise [der Hauptstadt Idahos, sm] riefen an. Ein Rechtsanwalt bot uns seine Hilfe an. Sogar die Medien aus den umgebenden Landkreisen und Bundesstaaten berichteten. Die Unterstützung innerhalb der Bevölkerung des Tales nahm mit einer unwahrscheinlichen Geschwindigkeit zu.«

Vier Wochen später findet eine von der Gruppe organisierte öffentliche Versammlung statt. Die Turnhalle der Schule ist überfüllt mit über Tausend Menschen. Ich werde diesen ungewöhnlichen Abend nie vergessen: Die Luft ist wie elektrisch geladen. Viele der Anwesenden haben sich ein ganz erstaunliches Fachwissen angeeignet. Geduldig stellen sie sich in einer langen Schlange hinter dem Mikrophon an, um die Politiker, Wissenschaftler und Experten verschiedener staatlicher Umweltschutzeinrichtungen auf dem Podium zu befragen. Diese wissen wenig zu sagen und müssen kleinlaut zugeben, dass sie die Bewohner des Tales nicht vor einer Katastrophe wie in Bhopal würden schützen können.

Der Bau der Anlage wurde verhindert.

2. Kairos

Entscheidend ist der Moment in dem eine kleine Initiative (wie die besorgten Bürger im eben geschilderten Beispiel) so etwas wie einen Sprung erlebt (in der Abb. auf S. 164 als kleiner Pfeil veranschaulicht). Bis dahin hatte sie über Wochen vor sich hin-»gedümpelt«, ohne anscheinend viel zu bewegen. Noch langwieriger war dies z. B. bei der Bürgerrechtsbewegung in der DDR: schon 1982 hatten die Leipziger Friedensgebete begonnen, gingen aber erst 1989 in die großen Montags-Demonstrationen über und wurden endlich zu einer Massenbewegung.

Solche Momente, wenn ganz plötzlich eine kleine Initiative »an Fahrt gewinnt« und zu einer breiten, machtvollen Bewegung wird, werden seit der altgriechischen Philosophie als »Kairos« bezeichnet: günstiger oder richtiger Moment. Was aber ist dieser Kairos? Ist er ein Geist (wie es der Begriff »Zeitgeist« nahelegt) oder ein geheimnisvolles Wesen? Nicht wirklich:

Kairos, Sohn des Zeus, ist Gegenspieler zu Chronos, dem griechischen Gott der Zeit. Von Chronos leiten sich Begriffe ab wie Chronometer, Chronologie und chronologische Zeit: lineare Uhr-Zeit. Im Unterschied dazu verkörpert Kairos eine Dimension der Zeit, die in der mentalen Welt oft übersehen wird; die wir nicht wahrnehmen können, solange wir befangen von der Uhr-Zeit sind. Vielleicht ist es kein Zufall, dass gerade in Deutschland Pünktlichkeit (und damit lineare Zeit) als einer der wichtigsten Werte gilt, während zugleich ein Mangel an Hoffnung besteht?

In einem Text aus dem 3. Jahrhundert v. Chr. wird Kairos so beschrieben:

Wer bist du? Ich bin Kairos, der alles bezwingt!
Warum läufst du auf den Zehenspitzen? Ich laufe unablässig.
Warum hast du Flügel am Fuß? Ich fliege wie der Wind.

Warum trägst du in deiner Hand ein Rasiermesser?
Den Menschen zum Zeichen, dass ich schärfer trenne als jede
Schneide der Welt.
Warum fällt dir eine Haarlocke in die Stirn?
Damit mich ergreifen kann, wer mir begegnet.
Warum hast du einen kahlen Hinterkopf?
Bin ich mit fliegenden Füßen erst einmal vorbeigelaufen,
wird mich keiner
von hinten ergreifen, sosehr er sich auch bemüht.
Und wozu schuf dich der Künstler? Euch Wanderern zur
Belehrung.
Poseidippos von Pella

Dem Kairos entspricht in der jüdisch-christlichen Tradition der Moment, in dem Gott in das Menschheits-Geschehen eingreift und diesem eine überraschende Wende gibt; dies wird in den schon zitierten Stellen bei Moses und Jeremia II so angekündigt:

Und der Herr sprach: Ich habe gesehen das Elend meines Volkes in Ägypten und habe ihr Geschrei gehört über die, so sie drängen; ich habe ihr Leid erkannt. Und Gott erhörte ihr Wehklagen und gedachte an seinen Bund mit Abraham, Isaak und Jakob.
Moses 2, 23–24

Sag den Städten in Juda: Seht, da ist euer Gott. Seht, Gott der Herr, kommt mit Macht.
Jesaja 40: 10

Plötzlich, aufgrund des Eingreifens von Gott (bzw. Kairos) geschieht etwas völlig Unerwartetes, *Neues*, was zuvor nicht denkbar schien. Geschichte nimmt einen überraschend anderen Verlauf. Wie Jim Wallis (1995, 309) schreibt, drehen solche Ereignisse »den Spieß der Geschichte um; sie stellen die Welt auf den Kopf. (…) Das Schloss sogenannter historischer

Notwendigkeit und Determiniertheit ist geknackt, und wieder offenbart sich eine Welt neuer Möglichkeiten.«
Geschichte ist *nicht* zu Ende, sondern plötzlich wieder offen, Unvorhergesehenes ist möglich. Diese Einsicht in die Nicht-Linearität von sozialem Wandel bedeutet allerdings nicht, dass wir Menschen uns nur zurücklehnen können, um passiv auf Gott bzw. den »richtigen Moment« zu warten; aus drei Gründen, die in den folgenden Abschnitten dargelegt werden: Erstens müssen günstige Momente vorbereitet sein. Zweitens bedarf es der Fähigkeit, den Kairos-Moment zu »merken« und ihn, drittens, so gut wie möglich zu nutzen. Das bedeutet, dass wir für die Möglichkeit bereit sein sollten, dass sich innerhalb kurzer Zeit alles ändern könnte.

Vorbereiten

Kairos, der richtige Zeitpunkt, muss vorbereitet sein. So wäre, wie schon erwähnt, z. B. der Fall der Mauer 1989 nicht möglich gewesen ohne die vorangegangenen jahrzehntelangen Aktivitäten von DDR-Bürgerrechtlern, die, für sich betrachtet, jeweils vielleicht unbedeutend anmuteten. Auch der bundesrepublikanische Ausstieg aus der Atomenergie 2011 hätte nicht geschehen können ohne die jahrzehntelangen Anstrengungen der Anti-AKW-Bewegung. Wie Martin Luther King jr. (1966) formulierte, »rollt Veränderung nicht auf den Rädern der Unvermeidlichkeit herein, sondern kommt durch fortgesetztes Bemühen. Und so müssen wir unsere Rücken aufrichten und für unsere Freiheit arbeiten.«

Die Zeit, die es braucht, um beharrlich einen gesellschaftlichen Wandel vorzubereiten, können wir in drei verschiedene Phasen einteilen.

Zeitverläufe im Aktionsprozess

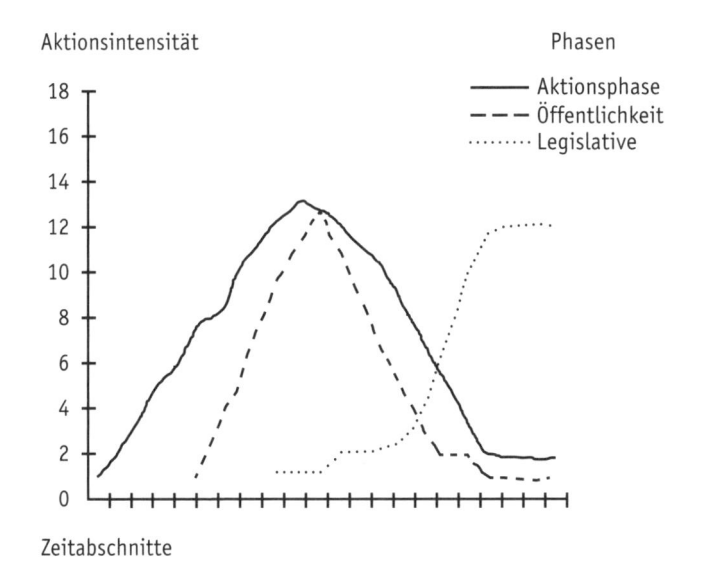

Aktionsintensität

Phasen
—— Aktionsphase
– – – Öffentlichkeit
········ Legislative

Zeitabschnitte

In der ersten Phase (»Aktionsphase«) wird eine neue Idee von wenigen Einzelpersonen oder Gruppen thematisiert und durch Aktionen in die Öffentlichkeit zu tragen versucht. Sie werden von der Mehrheit der Bevölkerung zunächst als »Verrückte«, »Spinner« oder »radikale Minderheit« betrachtet. Später, mit zeitlicher Verzögerung (Phase der »Öffentlichkeit«), beginnt die Idee langsam in das öffentliche Bewusstsein einzusickern; sie wird allmählich mehrheitsfähig. Nochmals später wird die neue Idee von der Politik thematisiert und drückt sich in politischen Entscheidungen und Gesetzen aus (Phase der »Legislative«).

Diese Phasenverschiebung war z. B. in den vergangenen Jahrzehnten beim Thema Umweltschutz/Ökologie zu beobachten: Noch mindestens bis in die 1970er-Jahre galten Menschen, die sich für die Bewahrung der Schöpfung einsetzten, als »grüne Spinner«. Diese Abwertung veränderte sich in den folgenden Jahrzehnten nur langsam, während das Thema von immer größeren Teilen der Bevölkerung akzeptiert wurde. Heute ist diese Idee fester Bestandteil im öffentlichen Bewusstsein der Bundesrepublik und Gegenstand der Gesetzgebung. Für eine Politik der ökologischen Nachhaltigkeit sind die Deutschen offen, von der CSU bis hin zur Linken. Nach einer Umfrage der Bertelsmann Stiftung von 2011 wünschen sich 88 Prozent eine »neue Wirtschaftsordnung«, weil der bestehende Kapitalismus weder für soziale Gerechtigkeit noch Schutz der Umwelt sorgt (Kessler 2011a, 13).

Diese Phasenverschiebung verdeutlicht, dass die Wirkungen von sozialem, politischem oder ökologischem Engagement oft nur mit großem zeitlichem Abstand sichtbar werden. Das gilt es auszuhalten. Es gilt auch zu warten, dies ist nicht mit Passivität zu verwechseln (ursprünglich bedeutet das Wort in etwa: behüten, bewachen, erwarten, versorgen, pflegen). Warten steht für Geduld; sich, so Karlheinz Geißler (1992, 165), wohlwollend »einer Sache annehmen. Wachsen und reifen lassen, Entwicklungen aufmerksam verfolgen.« Denn bestimmte Entwicklungen lassen sich nicht herbeizwingen, wie dies mancher politischer Abenteurer oder »falscher Messias« propagiert, so Erich Fromm (1991, 22).

Merken

Es bedarf auch der Fähigkeit, den Moment des Kairos zu »merken« und ihn so gut wie möglich zu nutzen. Ich vergleiche dies gerne mit dem Wellenreiten, bei dem es wesentlich darauf ankommt, die »richtige« Welle zu erkennen und sie gekonnt zu »besteigen«, um sich von ihrer großen Kraft tragen zu lassen. Ist der richtige Moment verpasst, dann kann die Welle auch nicht mehr genutzt werden. In der obigen Beschreibung des Kairos war dessen Haarlocke erwähnt; sie führte vermutlich zur Redensart »eine Gelegenheit beim Schopf packen«: Ist diese vorbei ist, dann kann sie auch nicht mehr ergriffen werden, daher der kahle Hinterkopf.

Bei diesem »Merken« geht es um die Fähigkeit, herauszuspüren, was »in der Luft liegt«. Im Film »Gandhi« ist dies dargestellt in der Szene, in der Gandhi nach etwas zu schnüffeln scheint. In vielen Kulturen gibt es Seher (wie z. B. den blinden Teiresias in der griechischen Mythologie), Wahrsager oder Propheten, deren Aufgabe es ist, die jeweilige Zeit-Qualität zu erspüren«: das, was »an der Zeit« ist; die »Themen«, die »reif« sind, für die »die Zeit gekommen« ist. Gemäß dem schon zitierten Spruch, wonach »ein Jegliches« seine Zeit hat: »geboren werden und sterben ...«

C. G. Jung bezeichnet diese Fähigkeit als Intuition. Diese psychische Funktion ist in der mental dominierten Gegenwart weitgehend unterschätzt und unterdrückt – sie konnte am ehesten noch in der Kunst überleben. Für Robert Jungk (1990, 275f.) haben sich vor allem Künstler »eine Ahnung vom Kommenden erhalten.« Sie konfrontieren die Gesellschaft »mit dem anderen, dem vorläufig logisch noch nicht Erfassbaren (...), mit den größeren Möglichkeiten des Menschen.«

Angesichts der bedrohten Welt plädiert Jungk dafür, die künstlerische »Fantasie, Intuition, Schöpferkraft«, die oft in Kunstwerke »eingesperrt« sind, zu befreien; sie weiter zu entwickeln und in die Gesellschaft ausstrahlen zu lassen. Was damit gemeint ist, geht weit über ökonomische, technische oder gesellschaftliche Prognosen hinaus. »Wir werden außerordentliche Kräfte der Einsicht, Übersicht, Voraussicht und Neusicht entwickeln müssen, um die Krisen der nächsten Jahrzehnte überwinden zu können.« (Jungk 1990, 274f.)

Bereit sein

Schließlich sollten wir auch für die Möglichkeit bereit sein, dass sich innerhalb kürzester Zeit sehr vieles verändern könnte. Für diesen Fall sollten wir schon im Voraus Ideen entwickeln und bereithalten für die neuen Chancen.

Beim Fall der Mauer wurde dies versäumt: Entgegen aller Sonntagsreden über Jahrzehnte hatte offenbar keiner der verantwortlichen Politiker die Überwindung der Teilung Deutschlands wirklich für möglich gehalten. Als die Mauer plötzlich fiel, hatte folglich keiner eine Idee, diese historisch einmalige Chance sinnvoll zu nutzen – so wurde sie gründlich vermasselt.

Im Unterschied zum überraschenden Fall der Berliner Mauer verfügt die Menschheit schon heute über einen reichhaltigen Fundus an Ideen, Konzepten und Technologien für eine friedliche, gerechte und ökologisch überlebensfähige Weltordnung. Diese wurden in den vergangenen Jahrzehnten überall auf der Welt erdacht, entwickelt, erprobt und (zumindest ansatzweise) in die Welt eingebracht. Täglich werden es mehr. So gibt es – neben den vielen Negativ-Meldungen – Tag für Tag auch viele Neuigkeiten, die Hoffnung geben.

3. Schwanger mit Zukunft

*Hoffnung ist die Vision der Gegenwart
im Zustand der Schwangerschaft.*

Erich Fromm

Der ganze Reichtum an zukunftsträchtigen Ideen kann sich nur eröffnen, wenn wir uns in den entsprechenden Medien informieren. Hoffnungsvolle Nachrichten finden sich m. E. nach seltener in zynisch-ausgerichteten Nachrichten-Magazinen wie z. B. *Der Spiegel*, sondern eher in Zeitschriften wie etwa Publik-Forum. Die Bandbreite an Konzepten für eine gelingende Zukunft, die von verschiedensten Fachleuten entwickelt wurden, ist so groß, dass an dieser Stelle nur wenige Stichworte beispielhaft genannt werden können:

Etwa die Trainings und Fortbildungen für Menschen, die mit Menschen arbeiten (z. B. in gewaltfreier Kommunikation, Mediation und für menschenwürdige Arbeit [Marks 2010]). Oder das Verfahren, Energie und Wärme aus schnell wachsenden Weiden zu erzeugen (Peters 2012). Oder die Technologie, Strom, der momentan nicht gebraucht wird, in so genanntes Windgas umzuwandeln und auf diese Weise zu speichern. Oder die wiederentdeckte Kompostierungsmethode Terra Perta, mit der die Indios vor Ankunft der Spanier üppige Gärten in der dünnen Humusschicht des Amazonasdschungels angelegt hatten (Scheub 2011).

Damit zukunftsweisende Ideen, Verfahren und Technologien entwickelt werden und in breitem Maße zur Anwendung kommen können, bedarf es jedoch geeigneter Rahmenbedingungen: politischer Weichenstellungen. Etwa die Folgenden: Der Preis für Erdöl und -gas wird erhöht entsprechend den Folgeschäden, die sein Verbrauch verursacht. Die Erzeugung von Energie wird dezentralisiert, Energieproduktions-Genossenschaften werden gefördert. Neue Technologien zur Erzeugung regenerativer Energien werden erforscht und deren Anwendung gefördert. Energiesparen wird belohnt, u.a. dadurch, dass die Verbrauchswerte besonders Energie-effizienter Unternehmen nach kurzer Zeit zum Standard für alle werden (Beste u.a. 2009). Bei allen Produkten werden die Käufer über deren ökologische Kosten (CO_2-Ausstoß, Verbrauch an Energie, Wasser, wertvollen Metallen etc.) informiert.

Als Ausweg aus der Finanz- und Wirtschaftskrise werden Geschäfts- und Invest-Banken getrennt und spekulative Aktiengeschäfte (insbes. auf Lebensmittel) verboten. Um das Karussell der Spekulationen (z. B. Leerverkäufe) zu verlangsamen, werden Finanzgeschäfte besteuert. Regionale Währungen (wie z. B. der »Chiemgauer«) werden im Sinn der lokalen Wirtschaft gefördert. Werbung wird verboten, und die Reichen werden höher besteuert.

Die Steigerung des »Bruttosozialglücks« wird zum obersten Ziel. Arbeitslose werden durch Beratungen wie z. B. »Life/Work Planning« darin unterstützt, ihre Berufung zu finden. Unternehmen mit einer positiven Gemeinwohl-Bilanz werden gefördert, u.a. durch günstigere Steuersätze, Zölle und Kredite bei öffentlichen Banken sowie bevorzugte Aufträge von öffentlichen Stellen. Bei diesem Wirtschaftsmodell wird der Erfolg eines Unternehmens daran gemessen, inwieweit Vorprodukte aus der Region bezogen werden; Frauen und Männer gleichberechtigt sind; gleicher Arbeitseinsatz mit gleichem Lohn bezahlt und Mitbestimmung praktiziert wird; Menschen mit besonderen Bedürfnissen eingestellt und Kunden in die Planung einbezogen werden; Know-How mit Mit-Unternehmern geteilt wird (Felber 2010).

Subventionen für Lebensmittel-Exporte werden abgeschafft und Zuschüsse auf die Bauern konzentriert, die ökologisch anbauen und Tiere artgerecht halten. Die armen Länder werden entschuldet und bekommen das Recht, sich gegen Billigimporte von Lebensmitteln zu schützen, damit sich ihre eigene Landwirtschaft entfalten kann. Die Kleinbauern dort, insbesondere

Frauen, erhalten Zugang zu Bildung, Land, Wasser, günstigen Krediten, Saatgut und angepassten Anbaumethoden.

Gegen diese Vorschläge könnte pessimistisch eingewendet werden, es sei kein Geld da. Geld ist jedoch das geringste Problem, aus zwei Gründen: Erstens, weil viele Neuerungen zum Nulltarif zu haben sind. Zum Beispiel verringert die Bundesrepublik ihren CO_2-Ausstoß durch PKW um 9 Prozent (mindestens 3,3 Millionen Tonnen jährlich) durch ein Tempolimit 120 km/h (Greenpeace 1999). Dies verbessert zugleich die Lebensqualität: es gibt weniger Verletzte und Unfalltote. Anwohner können besser schlafen und sind gesünder. Noch mehr Lärm wird durch das Bundes-Immissionsschutz-Gesetz (BImSch) abgeschafft, demzufolge Kraftfahrzeuge nur zugelassen werden dürfen, die so geräuscharm wie möglich gebaut sind. Für diese Verbesserung wäre nicht einmal ein neues Gesetz notwendig, denn das BImSch besteht seit 1974, wird bisher aber kaum angewendet.

Zweitens, weil dreistellige Milliardenbeträge verfügbar werden, die bisher für sinnwidrige Zwecke verschleudert wurden; z. B. in Subventionen für die Automobil-Industrie (»Abwrackprämie«) und für Flugunternehmen (Befreiung von der Kerosinsteuer). Statt misswirtschaftende Banken wie die Hypo Real Estate mit Milliarden von öffentlichen Geldern zu stützen, lässt man diese kontrolliert bankrottgehen. Dies forderten Attac-Aktivisten wie der Politikwissenschaftler Alexis Passadakis schon 2009. Greenpeace: »Wäre die Erde eine Bank, dann hättet Ihr sie schon lange gerettet.«

Die bisherige Politik hat – um auf die Metapher der Schwangerschaft zurückzukommen – zahllose »Totgeburten« hervorgebracht. Für zukunftsträchtige Ideen ist angeblich kein Geld vorhanden. Alternativlos? Nein Danke! Schon heute ist eine Fülle sinnvoller, zukunftsweisender Ideen vorhanden. Das einzige was noch fehlt, ist der politische Wille, diese umzusetzen. Was fehlt ist das, was Sören Kierkegaard als »die Leidenschaft für das Mögliche« bezeichnet: Hoffnung.

4. Ein Schmetterling wird geboren

Noch einmal: Wie geschieht gesellschaftlicher Wandel? An verschiedenen Stellen dieses Buches wurde auf das alttestamentarische Bild vom Auszug aus Ägypten Bezug genommen. Auf die heutige Situation übertragen, kann der »Auszug« natürlich nur metaphorisch verstanden werden. So gesehen, ist jeder Moment, in dem wir die Angst, Wut, Verzweiflung, Trauer, Mitgefühl und Scham über den Zustand der Welt »merken«, ein Schritt aus der gewalttätigen, ungerechten und naturzerstörerischen Weltordnung. Ebenso jeder Augenblick der Stille und Langsamkeit, des Innehaltens und Reflektierens über die Grundfrage: Was tun wir eigentlich? Was tun wir uns und der Mitschöpfung an mit unserem Lebensstil?

Auch dies sind Schritte aus dem »Immer-mehr«-Land: Jedes Mal, wenn wir uns mit unseren Hoffnungen auf eine gerechte, friedliche und ökologisch ausgeglichene Welt öffentlich präsent machen – jenseits von Zweifeln (»Was sollen die Leute denken?« oder »Ich kann so etwas nicht!«). Jedes Mal, wenn wir das Erfolgs-Prinzip (»Was bringt so etwas schon!«) überwinden und Sinn zu verwirklichen suchen. Jeder Augenblick, in dem wir unser Gewissen, unsere Sehnsüchte und positiven Visionen ernst nehmen; in dem wir Freude empfinden und nach Ganzheit streben. Wenn wir unserer Berufung folgen, d. h. unsere Fähigkeiten mit den Bedürfnissen der Welt verbinden. Jeder Moment, der nicht in der Management-Mentalität, sondern in einer Haltung gelebt wird, die Erich Fromm als *Sein* bezeichnet. Indem wir aus einem integralen Bewusstsein, d. h. aus Liebe und Wahrheit handeln. Immer dann, wenn wir »Tun« und »Lassen« ausbalancieren und achtsam für unsere Kräfte und Grenzen sind. Wenn wir aufmerksam sind für die jeweilige Zeit-Qualität. Wenn wir das mathematische, lineare und kausale Denken überwinden und auf eine »kritische Masse« hinarbeiten. Wenn wir uns bereithalten für die Möglichkeiten, die sich immer wieder neu eröffnen, weil Geschichte nicht zu Ende ist; wenn wir »merken«, wofür Kairos, der »günstige Moment«, gekommen ist.

In den Alltag übersetzt sind dies alles Schritte aus der selbstzerstörerischen Dynamik des »Immer-mehr«: Jeder Euro, den wir sinnvoll anlegen, z. B. in einer ethisch arbeitenden Bank (wie z. B. die GLS-Bank) statt in einen Waffen-Fonds. Jeder Einkauf von saisonalen und regional hergestellten Produkten (anstelle z. B. von Joghurt, der Tausende von Kilometern kreuz und quer durch Europa gefahren wurde). Jedes Gericht, das den Verzicht auf Fleisch schmackhaft macht. Jeder Einkauf von fair gehandelten und langlebigen Produkten. Jeder Kilometer, der zu Fuß, per Fahrrad oder mit öffentlichen Verkehrsmitteln zurückgelegt wird. Jede Begegnung, die an Stelle eines gedankenlosen Frust-Einkaufs tritt. Viele weitere Schritte ließen sich anführen, ich will es jedoch hierbei belassen, denn im Grunde wissen wir doch alle, was zu tun ist.

Aber wie könnten sich viele solcher Schritte zu einer gesamtgesellschaftlichen, mehr noch: globalen Veränderung verbinden? Ich erinnere an die drei Phasen der Veränderung: Zunächst die »Aktionsphase«, in der eine neue Idee von wenigen Einzelpersonen oder Gruppen thematisiert wird. Gefolgt von der Phase »Öffentlichkeit«, in der diese Idee allmählich in das öffentliche Bewusstsein einzusickern beginnt. Schließlich die Phase der »Legislative«, in der das Neue politisch umgesetzt wird.

Auf dem Hintergrund dieses Modells habe ich den Eindruck, dass ganz grundlegende Fragen, die an den Kern der »Immermehr«-Gesellschaft gehen, gegenwärtig in die Phase der »Öffentlichkeit« getreten sind: Fragen von geradezu prophetischer Qualität, wie sie z. B. auch von Immanuel Kant aufgeworfen wurden: Was ist der Mensch? Diesen Eindruck möchte ich hier an zwei aktuellen sozialen Bewegungen festmachen – stellvertretend für die unzähligen Initiativen, Projekte und Gruppen, die es überall gibt: in jeder Region, an jedem Ort; viel mehr, als wir uns vielleicht vorstellen (ter Horst 2009, 15).

Downshifting

Fast zeitgleich berichten zur Jahreswende 2011/2012 verschiedene Druckmedien über eine Bewegung, die sich Downshifting nennt und inzwischen auch Deutschland erreicht hat: Immer mehr Menschen haben den Wunsch »runterzuschalten«. So stellt z. B. der *KulturSPIEGEL* »fünf Beispiele für das Glück, das im Abspecken liegt« vor. Dazu zählt die weltweite Bewegung »*transition town*«, an der schon über 400 Städte und Dörfer in mehr als 30 Ländern beteiligt sind (davon 8 in Deutschland; die meisten in angelsächsischen Ländern). Dabei geht es um die Gestaltung und Aufwertung der eigenen Region: lokale Währungen und die Vermarktung eigener Produkte, das Pflanzen von Bäumen oder Begrünen öffentlicher Brachflächen (»Guerillagärtner«), die lokale Erzeugung von Energie u.v.a. (Dürr u.a. 2012).

In Publik-Forum bezieht sich der Theologe Pierre Stutz (2011, 34) auf Meister Eckarts Aussage »ledig aller Dinge«. Diese Haltung kann uns dabei helfen, die Fülle des Lebens auszukosten. Denn »durch die Gabe der Langsamkeit können wir den tieferen Sinn unseres Lebens (...) viel intensiver wahrnehmen.«

In Psychologie heute schildert Ursula Nuber (2012) das Downshifting als Wunsch nach tiefgreifender Veränderung des Lebensstils: nach Stress-Reduzierung, »Zeitwohlstand« und der Freiheit, das zu tun, was wir wirklich wollen. Statt das Geld in Frust-Einkäufen auszugeben, geht es u.a. darum, es bewusst auszugeben: für Erlebnisse, soziale Kontakte und altruistisches Verhalten, denn diese machen die Menschen zufriedener als materieller Besitz. Für den Philosophen Neil Levy (zit. in: Nuber 2012, 24) hat das Leben Sinn, »wenn es an Zielen orientiert ist, die die Grenzen des Einzelnen überschreiten; Ziele, die wichtiger sind als die subjektiven Sorgen und Bedürfnisse des Einzelnen«, d. h., wenn das Leben am Selbst orientiert ist.

Occupy

Zugleich ereignen sich erstaunliche Protestbewegungen in vielen Teilen der Welt, etwa in Tunesien, Griechenland, Ägypten, Spanien, Libyen, Großbritannien, Syrien, Deutschland, Jemen, Russland, Jordanien, USA, um nur einige zu nennen. Diese Bewegungen werden u.a. betitelt mit Attac, Arabischer Frühling, Stuttgart 21 oder Occupy. Über letztere sagt der Wirtschaftswissenschaftler Jeffrey Sachs (zit. in: Diez 2011, 117): »2012 wird das Jahr von Occupy«.

Nach Einschätzung des *Spiegels* ist ein weltweites Gespräch in Gang gekommen über die Frage »wie wir leben und wie wir leben wollen.« Das Nachrichtenmagazin beschreibt die Occupy-Bewegung (»We are the 99 percent«), die sich auf immer mehr US-Städte ausweitet, als »hypnotisch und stimulierend«, mit einer »Ernsthaftigkeit, die ansteckt« und einer »Energie, die begeistert.« Hier formt sich »das Bild einer sozialen, politischen, letztlich auch kulturellen Bewegung (…), die eine umfassende Kraft ausstrahlt« und »einen neuen Blick auf die Welt« eröffnet. Für manche der Beteiligten ist dies »eine Vision, wie das Leben völlig anders sein könnte«. (Diez 2011, 112–116)

Für Kalle Lasn, einen der geistigen Paten dieser Bewegung, ist Occupy »nicht weniger als eine Metamorphose der Menschheit.« Dabei geht es darum, »dass wir aufhören mit toter Zeit zu leben. Zeit, die wir nicht selbst bestimmen, Zeit, die wir mit Jobs verschwenden, die uns nicht interessieren, Zeit, die von Wünschen verpestet ist, die nicht unsere sind. Es geht darum, dass wir überhaupt mal anfangen zu leben«, so Lasn (zit. in: Diez 2011, 115).

Auch wenn naturgemäß nicht abzusehen ist, in welche Richtung sich diese Bewegungen weiterentwickeln und was sie bewirken können, so ist doch festzuhalten, dass sie sich plötzlich, unvorhergesehen, scheinbar aus dem Nichts herausbildeten. Bemerkenswert ist auch, dass in diesen Bewegungen Fragen und Hoffnungen aufgeworfen werden, die weit über den Horizont traditioneller Gewerkschafts- oder Parteipolitik hinausweisen. Hier wächst etwas Neues, vergleichbar mit einer Schwangerschaft.

Metamorphose

Abschließend möchte ich zeigen, dass es sich um eine ganz besondere Form von Schwangerschaft handelt. Ich komme zurück auf die eben zitierte Charakterisierung der Occupy-Bewegung als »Metamorphose der Menschheit« von Kalle Lasn. Auch der philippinische Soziologe und Umwelt-Aktivist Nicanor Perlas, Präsident des Center for Alternative Development Initiatives, verwendet dieses Bild. Der Träger des Alternativen Nobelpreises schildert die Verwandlung einer Raupe in einen Schmetterling:[10]

Nachdem die Raupe sich verpuppt hat, bilden sich die neuen Zellen des Schmetterlings (»imaginal cells«). Diese schwingen auf einer anderen Frequenz,»sie sind so total verschieden von den Zellen der verpuppten Raupe, dass deren Immunsystem sie als feindlich betrachtet und … vertilgt … Aber diese neuen Zellen fahren fort sich zu bilden, es werden immer mehr! Schon bald kann das Immunsystem der Puppe sie nicht mehr schnell genug zerstören. Mehr und mehr dieser Zellen überleben.

Und dann passiert etwas Erstaunliches! Die winzigen kleinen vereinzelten Zellknospen klumpen zusammen in befreundeten kleinen Gruppen. Sie schwingen alle in der gleichen Fre-

---

10. Perlas zitiert aus einem Text von Norie Huddle.

quenz zusammen und tauschen Informationen untereinander aus. (…) Dann an einem bestimmten Punkt bemerkt die ganze lange Kette von Imago-Zellen plötzlich, dass sie etwas darstellt. Etwas, das sich von der verpuppten Raupe unterscheidet. Etwas Neues! Etwas Wunderbares! … und in diesem Gewahrwerden ist der Geburtsschrei des Schmetterlings enthalten! … Jede neue Schmetterlingszelle kann nun eine unterschiedliche Aufgabe übernehmen. Es gibt für jede etwas zu tun, und jede ist wichtig. Und jede Zelle fängt an, gerade das Bestimmte zu tun, wozu sie am meisten hingezogen wird. Und jede andere Zelle ermutigt sie, gerade das zu tun.« (Huddle zit. in: Perlas 2006)

Nicanor Perlas betrachtet Menschen, die »wach werden für neue Möglichkeiten« als »imaginal cells« einer Gesellschaft. Im Verlauf von gesellschaftlichen Transformationsprozessen tragen sie den Samen der Zukunft mit sich. Sie sind »imaginal«, insofern sie in ihrem Wirken das Bild der Zukunft in sich haben. Von ihrer Umwelt werden sie zunächst als Abweichler und Störenfriede attackiert, da sie die Gewohnheiten der alten Gesellschaft (der Raupe) stören. Deren Auto-Immunsystem versucht, die Visionäre loszuwerden. Dennoch tauchen immer mehr »imaginale« Individuen auf, die sich für eine bessere Gesellschaft engagieren.

Perlas ist sich darüber im Klaren, dass Verwandlungsprozesse in der menschlichen Welt nicht so quasi automatisch ablaufen wie die Metamorphose einer Raupe in einen Schmetterling. Diese Prozesse müssen vielmehr von den Menschen bewusst vollzogen werden. Gemeinsam ist beiden Prozessen jedoch, dass die Verwandlung im Frühstadium äußerlich nicht zu erkennen ist. Man sieht nur, dass die verpuppte Raupe sich zu einer Art Flüssigkeit sozusagen selbst verdaut hat. Ein Zustand von Chaos (im ursprünglichen Sinne des Wortes) hat eingesetzt, »in dem die Potenziale für eine neue Ordnung verborgen sind und darauf warten, sich ausdrücken zu können. Aus diesem Chaos entsteht der Schmetterling.« (Perlas 2006)

Auch in der Gesellschaft sehen wir überall Chaos. Wir können uns darüber entweder beklagen und selbst entmutigen. Oder wir betrachten das Chaos als äußeres Symptom dafür, so Perlas (2006), »dass die alte Ordnung im Zusammenbruch begriffen ist und darauf wartet, auf eine höhere Ebene der Komplexität und der Ordnung gehoben zu werden.«

Auf diese Weise könnte gesellschaftlicher Wandel geschehen: als Metamorphose.

Dank

Ich danke den vielen Menschen, ohne die dieses Buch nicht möglich geworden wäre; vor allem den zahlreichen politischen Mitstreiter/-innen: Torsten Schramm, Hilde Keilinghaus, Susanne Dietz und den weiteren Mitgliedern meiner Berliner Friedensgruppe Kadudale und der Schweigestunde für den Frieden vor der Gedächtniskirche. Ich danke Elvira Mothes, Volker Beck, Anne Stegmeier, Stephane Place, Rosi Höhn, Friedrich Gronau, Gertrud Kauderer und den vielen vielen Weggefährten bei den Friedenswanderungen 1982 nach Wien, 1983 nach Genf und 1984 quer durch die USA mit der »Peace Pilgrimage of Europeans«. Ich danke den vielen Menschen für die Zusammenarbeit bei diversen politischen Aktivitäten und für ihre Unterstützung: Doug Baty und Antje Becker, Stacy Kiser, Vivian Dye, C. B. Pearson, Anita Doyle, Nancy Taylor, Rowan Conrad, Victoria Mech, Debbie Hoffman, Jo Stowell, Greg Burham, William Randall, Peter Hahn, Verena Meister, Hans-Werner Kuhn, Tonio Oeftering, Petra und Hans-Jürgen Böhles, Tilman Evers, Ilse Schimpf-Herken und Wolfgang Roth.

Vor allem danke ich meiner Frau Heidi Mönnich-Marks für ihre große Unterstützung und Begleitung beim Verfassen dieses Buches und für unsere gemeinsame Arbeit. Ganz besonders dankbar bin ich für die Begegnung, Freundschaft und Zusammenarbeit mit Sr. Mary Kay Henry, O.S.B. (1941–2010). Sie verkörperte Hoffnung in einer höchst inspirierenden, ansteckenden Weise und brachte mir die Arbeiten von Matthew Fox und Walter Brueggemann nahe. Die vielen Seminare und Retreats, die wir im Nordwesten der USA zusammen leiteten, waren immer aufs Neue das, was Hoffnung ausmacht: amazing.

Freiburg i. B., Januar 2012

Literatur

Abbott, Edwin (1982). Flächenland. Ein mehrdimensionaler Roman, verfasst von einem alten Quadrat. Stuttgart: Klett-Cotta.

Alexander, Elisabeth (2008). How to Hope. A Model of the Thoughts, Feelings, and Behaviors in Transcending Challenges and Uncertainty. Saarbrücken: VDM.

Alleluja Christmas Food Court Flash Mob Halleluja (2010). Im Internet verfügbar unter: http://www.youtube.com/watch?v=SXh7JR9oKVE (Zugriff: 9.1.2012).

Arnold, Martin (2007). Gütekraft (Satjagrah). Thema für die Friedens- und Konfliktforschung. Belm-Vehrte: Sozio-Publishing.

Attenborough, Richard (Regie, 1982). Gandhi (Spielfilm).

Ausländer, Rose (1994). Regenwörter. Stuttgart: Reclam.

Averill, James; Catlin, George / Chon, Kyum (1990). Rules of Hope. New York: Springer.

Bartsch, Matthias u.a. (2010). Volk der Widerborste. In: *Der Spiegel* 35, S. 64–72.

Bauer, Joachim (2005). Warum ich fühle, was du fühlst. Intuitive Kommunikation und das Geheimnis der Spiegelneuronen. Hamburg: Hoffmann und Campe.

Baumann-Lerch, Eva (2011). Da, wo ich bin. In: Publik-Forum 10, S. 63–65.

Berendt, Joachim Ernst (2007). Das dritte Ohr. Vom Hören der Welt. Battweiler: Traumzeit.

Berrigan, Daniel (1999). Es ist nicht unsere Aufgabe, populär zu sein und unser Handeln am Erfolg zu orientieren. In: Der Pflug 45, 2. Im Internet verfügbar unter: http://www.lebenshaus-alb.de/magazin/000022.html (Zugriff 1.9.2011).

Beste, Ralf u.a. (2009). Das Zwei-Grad-Leben. In: *Der Spiegel* 49, S. 54–68.

Bittermann, Klaus (Hg., 1994). Das Wörterbuch des Gutmenschen. Betroffenheitsjargon und Gesinnungskitsch. Berlin: Ed. Tiamat.

Bittl-Drempetic, Karl-Heinz (1993). Gewaltfrei Handeln. München: Regenbogen.

Blech, Jörg (2008). Die Heilkraft der Mönche. In: *Der Spiegel* 48, S. 144–156.

Bloch, Ernst (1985). Das Prinzip Hoffnung. Frankfurt: Suhrkamp.

Braun, Walter (2010). Droht uns die ethische Abstumpfung? In: Psychologie heute, Februar, S. 16.

Brodda, Klaus (2006). Zur Deutung und Bedeutung von Hoffnung. In: Gernot Huppmann / Beate Lipps (Hg.). Prolegomena einer Medizinischen Psychologie der Hoffnung. Würzburg: Königshausen / Neumann, S. 23–45.

Brueggemann, Walter (1978). The Prophetic Imagination. Philadelphia: Fortress Press.

ders.: (1986). Hopeful Imagination. Prophetic Voices in Exile. Philadelphia: Fortress Press.
Bruininks, Patricia / Malle, Bertram (2005). Distinguishing Hope from Optimism and Related Affective States. In: Motivation and Emotion 29, 4, S. 327–355.
Buber, Martin (1949). Die Erzählungen der Chassidim. Zürich: Manesse.
Caysa, Volker (2006). Vom Recht des Schmerzes. Grenzen der Körperinstrumentalisierung. In: Johann Ach / Arnd Pollmann (Hg.). no body is perfect. Baumaßnahmen am menschlichen Körper. Bielefeld: transcript Verlag, S. 295–306.
Cevoli, Cathy (1986). Shedding Light on Burn-Out. In: Nuclear Times, Jan. S. 20–22.
Christoffel, Ulrich (1940). Deutsche Innerlichkeit. München: R. Piper / Co.
Csikszentmihalyi, Mihaly (1995): Flow. Das Geheimnis des Glücks. Stuttgart: Klett.
Dasho Karma Ura (2011).»Geld ist ein leerer Wert«. Interview. In: Publik-Forum 12, S. 14–16.
Dass, Ram / Gorman, Paul (1994). Wie kann ich helfen? Segen und Prüfung mitmenschlicher Zuwendung. Berlin: Sadhana.
Dettmer, Markus; Shafy, Samiha / Tietz, Janko (2011): Volk der Erschöpften. In: *Der Spiegel* 4, S. 114–122.
Dettmer, Markus / Tietz, Janko (2011). Jetzt mal langsam! In: *Der Spiegel* 30, S. 58–68.
Diez, Georg (2011). Der Aufstand hinter der Maske. In: *Der Spiegel* 52, S. 112–117.
Döring, Jürgen (2011). Phantasie an die Macht – Politik im Künstlerplakat. Text zur Ausstellung. Im Internet verfügbar unter: http://www.wechselausstellungen.de/hamburg/phantasie-an-die-macht-politik-im-kuenstlerplakat/ (Zugriff 19.4.2011).
dpa (2009):»Übertragungsfehler«. Meldung vom 29.8.2009.
Duerr, Anke u.a. (2012). Auf Leben oder Tod. In: *KulturSPIEGEL* 1, S. 12–25.
Dworschak, Manfred (2012). Zaubertrank der Zuversicht. In: Der Spiegel 1, S. 117–125.
Erikson, Erik (1978). Gandhis Wahrheit. Über die Ursprünge der militanten Gewaltlosigkeit. Frankfurt: Suhrkamp.
Evers, Tilman (1987). Mythos und Emanzipation. Eine kritische Annäherung an C. G. Jung. Hamburg: Junius.
Felber, Christian (2010). Die Gemeinwohl-Ökonomie. In: Publik-Forum 17, S. 12–15.
Feldmann, Christian (2010). Tausendmal Vertrauen. In: Publik-Forum Extra (Hg.). Mir doch egal. Über die Gleichgültigkeit, S. 20–21.
Ferguson, Marilyn (1990). Irgendwo anfangen … Die Kraft der Visionen. In: Psychologie heute, August, S. 40–45.

Fisher, Len (2010). Schwarmintelligenz. Wie einfache Regeln Großes möglich machen. Frankfurt: Eichborn.
Flaßpöhler, Svenja (2011). Ich leide, also bin ich. In: Psychologie heute, April, S. 38–42.
Fleischer, Gerald (1990). Lärm – der tägliche Terror. Stuttgart: Trias.
Fox, Matthew (1991). Der große Segen. Umarmt von der Schöpfung. München: Claudius Verlag.
ders. (1996). Revolution der Arbeit. Damit wir alle sinnvoll leben und arbeiten können. München: Kösel.
Franke-Lompa, Carola (2006), Hoffnung in der Therapie von Krebspatienten. In: Gernot Huppmann / Beate Lipps (Hg.). Prolegomena einer Medizinischen Psychologie der Hoffnung. Würzburg: Königshausen / Neumann, S. 257–262.
Frankl, Viktor (1992). ... trotzdem Ja zum Leben sagen. Ein Psychologe erlebt das Konzentrationslager. München: dtv.
Freudenberger, Herbert / North, Gail (1992). Burn-out bei Frauen. Über das Gefühl des Ausgebranntseins. Frankfurt: Fischer.
Fromm, Erich (1971). Die Revolution der Hoffnung. Für eine humanisierte Technik. Stuttgart: Klett.
Gaschke, Susanne (2011). Die Stopptaste, bitte. In: Die Zeit 19, S. 1.
Gebser, Jean (1988). Ursprung und Gegenwart. München: dtv.
Geißler, Karlheinz (1992). Zeit leben. Vom Hasten und Rasten, Arbeiten und Lernen, Leben und Sterben. Weinheim: Beltz Quadriga.
Gleick, James (1990). Chaos – die Ordnung des Universums. München: Knaur.
Glomp, Ingrid (2011). Das Baden im Walde. In: Psychologie heute, Dezember, S. 52–53.
Gore, Al (1992). Wege zum Gleichgewicht: Ein Marshallplan für die Erde. Frankfurt: Fischer.
Grabner, Sigrid (2002). Mahatma Gandhi. Politiker, Pilger und Prophet. Leipzig: Evangelische Verlagsanstalt.
Greenpeace Freiburg (1999). Tempolimit 120. Im Internet verfügbar unter: http://www.greenpeace-freiburg.de/wissenswertes/110-tempolimit-120 (Zugriff Zugriff: 25.8.2011).
Griefahn, Monika (1983). Die Kämpfer vom Regenbogen. Die Geschichte von Greenpeace. In: dies. (Hg.). Greenpeace. Wir kämpfen für eine Umwelt, in der wir leben können. Reinbek: Rowohlt, S. 9–27.
Grimm, Jacob / Wilhelm (1990). Kinder und Hausmärchen. Berlin: Aufbau.
Grober, Ulrich (2010). Die Entdeckung der Nachhaltigkeit. Kulturgeschichte eines Begriffs. München: Antje Kunstmann.
ders. (2011). Welches Wachstum wollen wir? In: Psychologie heute Juni, S. 60–64.
Gühlich, Dorette (2009). Langeweile: Die produktive Kraft. In: Psychologie heute, März, S. 24–29.

Guzmán, Isabel (2011). Vermögen und Unvermögen. In: Publik-Forum 24, S. 27.
Haimerl, Detlev (2006). Hoffnung als medizinsoziologischer Begriff: Über die Notwendigkeit der Spurensuche. In: Gernot Huppmann / Beate Lipps (Hg.). Prolegomena einer Medizinischen Psychologie der Hoffnung. Würzburg: Königshausen/Neumann, S. 55–76.
Hannes, Rolf (2009). Schweigestunde. Im Internet verfügbar unter: http://futura99.de/2009/10/16/schweigestunde/ (Zugriff 1.9.2011).
Haug, Wolfgang Fritz (1967). Der hilflose Antifaschismus. Frankfurt: Suhrkamp.
Hessel, Stéphane (2011). Empört euch! Berlin: Ullstein.
Hofmeister, Klaus (2010). Und nun der Tatort. In: Publik-Forum Extra (Hg.): Mir doch egal. Über die Gleichgültigkeit, S. 22–23.
Huber, Andreas (2010). »Spring doch!« Man muss auch wollen können. In: Psychologie heute, Januar, S. 28–31.
Hultberg, Peer (1987). Scham – eine überschattete Emotion. In: Analytische Psychologie 18, S. 84–104.
Huppmann, Gernot / Lipps, Beate (Hg., 2006). Prolegomena einer Medizinischen Psychologie der Hoffnung. Würzburg: Königshausen / Neumann.
IFAK (2008): Motivation und Engagement am Arbeitsplatz sinkt. Im Internet verfügbar unter: www.ifak.com/de/ifak-jubil-um/motivation-und-engagement-am-arbeitsplatzsinken. html (Zugriff 10.5.2010).
Initiative jubelt Rechten T-Shirts unter (2011). In: Badische Zeitung 11. 8. 2011, S. 10.
Jaeggi, Rahel (2005). Entfremdung. Zur Aktualität eines sozialphilosophischen Problems. Frankfurt: Campus.
Jacobi, Jolande (1971). Der Weg zur Individuation. Olten: Walter.
dies. (1987). Die Psychologie von C. G. Jung. Frankfurt: Fischer Taschenbuch.
Jaeggi, Rahel (2005). Entfremdung. Zur Aktualität eines sozialphilosophischen Problems. Frankfurt: Campus.
Jiménez, Juan Ramón (1977). Herz, stirb oder singe. Zürich: Diogenes.
Innerlichkeit (2011). In: Wikipedia http://de.wikipedia.org/wiki/Innerlichkeit (Zugriff: 28.4.2011).
IPPNW (2005). Atomwaffen A-Z. Im Internet verfügbar unter: http://www.atomwaffena-z.info/atomwaffen-heute/die-atomare-welt/overkill/index. html (Zugriff 5.1.2012).
Jung, Carl Gustav (1973). Symbole der Wandlung. In: Gesammelte Werke Bd. 5. Olten: Walter.
ders. (1928). Die Beziehungen zwischen dem Ich und dem Unbewußten. In: Gesammelte Werke Bd. 7. Olten: Walter, S. 131–264.
Jungk, Robert (1990). Zukunft zwischen Angst und Hoffnung. Ein Plädoyer für die politische Phantasie. München: Heyne.
ders. (1993). Trotzdem: Mein Leben für die Zukunft. München: Carl Hanser.

ders. / Müllert, Norbert (1989). Zukunftswerkstätten. Mit Phantasie gegen Routine und Resignation. München: Heyne.
Kast, Verena (1996). Trauern. Phasen und Chancen des psychischen Prozesses. Stuttgart: Kreuz.
dies.: (2008). Freude, Inspiration, Hoffnung. Düsseldorf: Patmos.
Karen Kaplan-Solms / Mark Solms (2003). Neuro-Psychoanalyse. Eine Einführung mit Fallstudien. Stuttgart: Klett-Cotta.
Kern, Bruno (2011). Das Ende einer Illusion. In: Publik-Forum 9, S. 22–23.
Kern, Thomas (2008). Soziale Bewegungen. Ursachen, Wirkungen, Mechanismen. Wiesbaden: VS Verlag für Sozialwissenschaften.
Kessler, Wolfgang (2011a). Zeitenwende. In: Publik-Forum 7, S. 13f.
ders. (2011b). Der Strom und die Moral. In: Publik-Forum 8, S. 10.
ders. (2011c). Die Stunde der Wahrheit. In: Publik-Forum 14, S. 26–29.
Khadra, Yasmina (2006). Die Attentäterin. Zürich: Nagel / Kimche.
Kiefer, Gerhard (2011). Märtyrer der Versöhnung. In: Badische Zeitung 12.8.2011, S. 2.
King, Martin Luther jr. (1963). Rede vom 28.8.1963. Im Internet verfügbar unter: http://www.dadalos.org/deutsch/Vorbilder/vorbilder/mlk/traum.htm (Zugriff 23.12.2011).
ders. (1966): Rede vom 17.3.1966. Im Internet verfügbar unter: http://smu.edu/newsinfo/stories/mlk-speech-excerpts-1966.asp (Zugriff 23.12.2011).
Klüver, Reymer (2011). Mach dir' nen Reim drauf. In: Süddeutsche Zeitung 26.1.2011, S. 3.
Koob, Olaf (2011) Hetze und Langeweile. Die Suche nach dem Sinn des Lebens. Stuttgart: Verlag Freies Geistesleben.
Korczak, Janusz (2001). Das Recht des Kindes auf Achtung. Gütersloh: GTB.
Kübler-Ross, Elisabeth (1980). Interviews mit Sterbenden. Stuttgart: Europäische Bildungsgemeinschaft.
Kurz, Wolfram (1989). Die sinnorientierte Konzeption religiöser Erziehung. Würzburg: Stephans-Buchhandlung Mittelstädt.
Laurenz, Lisa (2010a). Ein leises Singen der Seele. In: Publik-Forum 8, S. 53–55.
dies. (2010b). Das Leuchten der Sehnsucht. In: Publik-Forum 16, S. 49–52.
Lazarus, Richard (1999). Hope. An Emotion and a Vital Coping Resource Against Despair. In: Social Research 66, 2, S. 653–676.
Le Breton, David (2003). Schmerz. Eine Kulturgeschichte. Zürich: Diaphanes.
Leonard, George (1986). Der Rhythmus des Kosmos. Reinbek: rororo.
Litzcke, Sven / Schuh, Horst (2007). Stress, Mobbing und Burn-out am Arbeitsplatz. Heidelberg: Springer.
Lohstroh, Annika / Thiel, Michael (2011). Deutschland, einig Jammerland. Gütersloh: Gütersloher Verlagshaus.
Lukas, Elisabeth (1997). Wider das Prinzip Enttäuschung. In: Logotherapie und Existenzanalyse 1, S. 13–28.

Macy, Joanna (1988). Mut in der Bedrohung. Friedensarbeit im Atomzeitalter. München: Goldmann.

dies. / Brown, Molly (2003). Die Reise ins lebendige Leben. Strategien zum Aufbau einer zukunftsfähigen Welt. Paderborn: Junfermann.

Mahedy, William (1986). Out of the Night. The Spiritual Journey of Vietnam Vets. New York: Ballantine.

Marcuse, Ludwig (1953). Unverlorene Illusionen. Pessimismus - ein Stadium der Reife. München: Szczesny.

Marks, Stephan (1993). Nachwort. In: ders. (Hg.). Märchen von Männern, Frankfurt: Fischer, S. 126–137.

ders. (1996). Es ist zu laut! Ein Sachbuch über Lärm und Stille. Frankfurt: Fischer.

ders. (2010). Die Würde des Menschen oder Der blinde Fleck in unserer Gesellschaft. Gütersloh: Gütersloher Verlagshaus.

ders. (2011a). Warum folgten sie Hitler? Die Psychologie des Nationalsozialismus. Ostfildern: Patmos.

ders. (2011b) Scham – die tabuisierte Emotion. Ostfildern: Patmos.

ders. (2011c). Zur Bedeutung des akustischen Mediums für die sozialwissenschaftliche Forschung und Lehre. In: Robert Maier (Hg.): Akustisches Gedächtnis und Zweiter Weltkrieg. Schriftenreihe des Georg-Eckert-Instituts, Bd. 126, S. 21–30.

Maslow, Abraham (1991). Motivation und Persönlichkeit. Reinbek: Rowohlt.

Meadows, Donella u.a. (1972). Die Grenzen des Wachstums. Bericht des Club of Rome zur Lage der Menschheit. Stuttgart: Deutsche Verlags-Anstalt.

Meyer-Clason, Curt (1974). Nachwort. In: Pablo Neruda: Ich bekenne, ich habe gelebt. Memoiren. Darmstadt: Luchterhand, S. 465–470.

Ministerium für Kultus, Jugend und Sport (Hg., 2004). Bildungsplan für das Gymnasium. Im Internet verfügbar unter: http://www.bildung-staerkt-menschen.de/service/downloads/Bildungsstandards/Gym/Gym_Gk_bs.pdf (Zugriff 19.4.2011).

Mitscherlich, Alexander (1967) Krankheit als Konflikt. Frankfurt: Suhrkamp.

Müller, Martin / Tuma, Thomas (2010). Weltreligion Shoppen. In: *Der Spiegel* 50, S. 56–65.

Nathanson, Donald (1987). A Timetable for Shame. In: ders. (Hg.). The Many Faces of Shame. New York: Guilford, S. 1–63.

Neumann, Erich (1974). Ursprungsgeschichte des Bewusstseins. Olten: Walter.

Niederberger, Lukas (2011). Die Kunst engagierter Gelassenheit. Wie man brennt, ohne auszubrennen. München: Kösel.

Nuber, Ursula (2012). Sinnvoller leben. Die Kunst des Runterschaltens. In: Psychologie heute, Januar, S. 20–25.

Nur selbstlose Helfer profitieren (2012). In: Psychologie heute, Februar, S. 59.

Oser, Fritz / Spychiger, Maria (2005): Lernen ist schmerzhaft. Zur Theorie des

Negativen Wissens und zur Praxis der Fehlerkultur. Weinheim: Beltz Pädagogik.

Overbeck, Gerd (1984). Krankheit als Anpassung. Der sozio-psychosomatische Zirkel. Frankfurt: Suhrkamp.

Parin, Paul (1978). Der Widerspruch im Subjekt. Ethnopsychoanalytische Studien. Frankfurt: Syndikat.

Passadakis, Alexis (2009). Banken kontrolliert bankrott gehen lassen. Im Internet verfügbar unter http://www.spiegel.de/spiegel/print/d-64283829.html (Zugriff: 30.8.2011).

Payne, Peter (1981): Martial Arts. The Spiritual Dimension. London: Thames / Hudson.

Perlas, Nicanor (2006). Der »Schmetterlings-Effekt« und die gesellschaftliche Umgestaltung. In: Sozialimpulse 1. Im Internet verfügbar unter: http://www.sozialimpulse.de/pdf-Dateien/Schmetterlingseffekt.pdf (Zugriff: 12.12.2011).

Peters, Rolf-Herbert (2012). Ein Mann auf dem Holzweg. In: Stern 3, S. 88–91.

Pieper, Annemarie (2009). Was dürfen wir hoffen in einer gottlosen Welt? In: Psychologie heute, September, S. 27–29.

Pingpongbälle gegen Assad (2011). In: *Der Spiegel* 37, S. 112.

Postel, Tonio (2010). Generation Gleichgültig? In: Publik-Forum 6, S. 28–33.

Postman, Neil (1992). Wir informieren uns zu Tode. In: Die Zeit 41, S. 61f.

Preuss, Sigrun (1991). Umweltkatastrophe Mensch. Über unsere Grenzen und Möglichkeiten, ökologisch bewußt zu handeln. Heidelberg: Asanger.

Randall, William (2007). From Computer to compost. Rethinking our Metaphors for Memory. In: Theory/Psychology 17, S. 611–633.

Raschke, Joachim (1988). Soziale Bewegungen. Ein historisch-systematischer Grundriß. Frankfurt: Campus.

Reichmuth, Alex (2010). Immer wieder Weltuntergang. Ökoszenarien hinterfragt. Berlin: LIT.

Reinhardt, Nora /2011). Das Wiehern der Pferde. In: *Der Spiegel* 13, S. 130–132.

Richter, Horst-Eberhard (1995). Bedenken gegen Anpassung. Psychoanalyse und Politik. Hamburg: Hoffmann und Campe.

Rilke, Rainer Maria (2007). Gedanken sind Kräfte, Stuttgart: Reclam.

Romankiewicz, Brigitte (2010). Was Hoffnung beflügelt. Ein Wegbegleiter zu Lebensmut und Sinn. Ostfildern: Patmos.

Rucht, Dieter / Neidhardt, Friedhelm (2007). Soziale Bewegungen und kollektive Aktion. In Hans Joas (Hg.). Lehrbuch der Soziologie. Frankfurt: Campus, S. 627–651.

Ruhwandl, Dagmar (2009). Burn-out: Am Rande des Nervenzusammenbruchs. In: Psychologie heute, Mai, S. 20–24.

dies. (2010). Top im Job – ohne Burnout durchs Arbeitsleben. Stuttgart: Klett-Cotta.

Rutherford (2012). Lexikon der Elemente. Im Internet verfügbar unter: http://www.uniterra.de/rutherford/ele094.htm (Zugriff: 5.1.2012).
Schellhorn, Maja (2010). Die Weltheilerin. In: Publik-Forum 14, S. 21.
Scheub, Ute (2011). Schwarzes Gold im Botanischen Garten Berlin. In: Publik-Forum 15, S. 19–20.
Schirrmacher, Frank (2009). Mein Kopf kommt nicht mehr mit. In: *Der Spiegel* 47, S. 126–129.
Schmidbauer, Wolfgang (1991). Die hilflosen Helfer. Über die seelische Problematik der helfenden Berufe. Reinbek: Rowohlt.
Schnoor, Heike (1988). Psychoanalyse der Hoffnung. Die psychische und psychosomatische Bedeutung von Hoffnung und Hoffnungslosigkeit. Heidelberg: Asanger.
Schore, Allan (1998). Early Shame Experiences and Infant Brain Development. In: Paul Gilbert / Bernice Andrews (Hg.): Shame. Interpersonal Behavior, Psychopathy, and Culture. New York: Oxford University Press, S. 57–77.
Schulz, Manfred (2005). Hoffnung inmitten von Hoffnungslosigkeit durchhalten? Eine Paradoxie, ein Wunder? In: Existenz und Logos 2, S. 139–148.
Schumacher, Ernst Friedrich (1977). Die Rückkehr zum menschlichen Maß. Alternativen für Wirtschaft und Technik. Reinbek: Rowohlt.
Seitz-Weinzierl, Beate (1994). Der weite Weg vom Kopf zur Hand. Psychologische Barrieren in der Umweltethik. In: Psychologie heute, Mai, S. 29–31.
Seligman, Martin (1990). Learned Optimism. How to Change your Mind and Your Life. New York: Pocket Books.
Snyder, Richard (2002). Hope theory. Rainbows of the mind. In: Psychological Inquiry 13, 4, S. 249–275.
Soelle, Dorothee (1993). Mutanfälle. Texte zum Umdenken. Hamburg: Hoffmann und Campe.
dies. (2009). Ein Volk ohne Vision geht zugrunde. Gesammelte Werke Bd. 10. Stuttgart: Kreuz.
Steffensky, Fulbert (2009). Die Melancholie der reichen Jünglinge. In: Publik-Forum Extra (Hg.). Du bist nicht allein. Trauern und Trösten, S. 33–34.
ders. (2010). Das mutige Herz. In: Publik-Forum 15, S. 52–53.
Stöber-Lutter, Mechthild (1983). Leserbrief in: Tageszeitung vom 29.8.1983.
Stutz, Pierre (2011). Tanz für die Liebe. In: Publik-Forum 24, S. 34–36.
Teupke, Andrea (2010). Arbeiten für Geld. In: Publik-Forum 2, S. 25.
ter Horst, Karl (2009). Leben aus der Krise. In: Ders. (Hg.). Vorboten der Zukunft. Wie wir die Welt verbessern. Oberursel: Publik-Forum, S. 10–28.
Tiedemann, Paul (2006).Was ist Menschenwürde? Darmstadt: Wissenschaftliche Buchgesellschaft.
Tolstoi, Leo (1997). Als die Wahrheit verstummte. In: Elisabeth Lukas (1997). Wider das Prinzip Enttäuschung. In: Logotherapie und Existenzanalyse 1, S. 13–28.

Vries, Manfred Kets de (2009). Die Menschen brauchen Hoffnung. In: Wirtschaft und Weiterbildung 4, S. 17–21.
Wallis, Jim (1995). Die Seele der Politik. Eine Vision zur spirituellen Erneuerung der Gesellschaft. München: Claudius.
Weber, Doris (2010). Es muss nicht alles sein im Leben. In: Publik-Forum 20, S. 66–71.
dies. (2011). Die Lust am Selberdenken. In: Publik-Forum 22, S. 30–33.
Weber, Max (2000). Die Protestantische Ethik und der »Geist« des Kapitalismus. Weinheim: Beltz Athenäum.
Welzer, Harald (2009). Blindflug durch die Welt. In: *Der Spiegel* 1, S. 132–133.
Ziegler, Jean (2007). Das Imperium der Schande. Der Kampf gegen Armut und Unterdrückung. München: Pantheon.
Zimmer, Hans (2003). »Ich pirsche mich ans Publikum ran« (Gespräch). In: *Der Spiegel* 31, S. 142–144.

Lesen Sie auch von diesem Autor:

Die Würde des Menschen oder:
Der blinde Fleck in der Gesellschaft

Copyright © 2010 by
Gütersloher Verlagshaus,
Gütersloh, in der Verlagsgruppe
Random House GmbH,
München

Einleitung

Ein Problem wird entsorgt

Bastian B. ist schmächtig und schüchtern. Von Mitschülern wird er seit der 7. Klasse als »Hurensohn« verhöhnt. Dann flüchtet der verschüchterte Junge unter die Eingangstreppe der Geschwister-Scholl-Realschule, voller Angst, Ohmacht, Scham und Wut im Bauch. In der 8. Klasse wird er von mehreren halbstarken Jungen auf dem Pausenhof mit einem glühenden Schlüssel gequält. Seinem Tagebuch vertraut er seine abgrundtiefen Ängste an, die sich allmählich in Hass verwandeln:

»Wenn ich einen von den Arschlöchern sehe, bin ich wie gelähmt. Ich laufe die Straße entlang und sehe welche von der Sorte, Jugendliche, HipHopper, Feinde, und ich bekomme wahnsinnige Angst.«

Wenn er angesprochen wird, kann er gar nicht mehr klar denken. Seine Pubertät erlebt Bastian als einzige Kränkung und Ausgrenzung, zumal er zweimal sitzen bleibt. Umso mehr zieht er sich in seine Scheinwelt zurück: gewalttätige Computerspiele. Wegen seines schwarzen Trenchcoats wird Bastian von Mitschülern als »Psycho« verspottet. Nach außen hin wirkt er so, als ob solche abfälligen Bemerkungen eiskalt an ihm abprallen, während sich »jede noch so kleine abfällige Bemerkung in sein Gedächtnis einbrannte« (Deggerich 2006, 37).

Im Juni 2006 schließt er die 10. Klasse ab und verlässt die Schule. Später notiert er in seinem Tagebuch:

»Stell dir vor, du stehst in deiner alten Schule, stell dir vor, der Trenchcoat verdeckt all deine Werkzeuge der Gerechtigkeit, und dann wirfst du den ersten Molotowcocktail, die erste Bombe. Du schickst deinen meist gehassten Ort zur Hölle!«

Auf seiner Internet-Seite veröffentlicht er einen Brief, in dem er unter anderem schreibt:

»Das einzige, was ich intensiv in der Schule beigebracht bekommen habe, war, dass ich ein Verlierer bin. (…) Man musste das neueste Handy haben, die neuesten Klamotten und die richtigen ›Freunde‹. Hat man eines davon nicht, ist man es nicht wert, beachtet zu werden. Und diese Menschen nennt man Jocks. Jocks sind alle, die meinen, aufgrund von teuren Klamotten oder schönen Mädchen an der Seite über anderen zu stehen. Ich verabscheue diese Menschen, nein, ich verabscheue Menschen. (…)
Ihr habt diese Schlacht begonnen, nicht ich. Meine Handlungen sind ein Resultat eurer Welt, eine Welt, die mich nicht sein lassen will, wie ich bin. Ihr habt euch über mich lustig gemacht, dasselbe habe ich nun mit euch getan, ich hatte nur einen ganz anderen Humor!
Von 1994 bis 2003/2004 war es auch mein Bestreben, Freunde zu haben, Spaß zu haben. Als ich dann 1998 auf die GSS kam, fing es an mit den Statussymbolen, Kleidung, Freunde, Handy usw. Dann bin ich wach geworden. Mir wurde bewusst, dass ich mein Leben lang der Dumme für andere war, und man sich über mich lustig machte. Und ich habe mir Rache geschworen! (…)
Ich will meinen Teil zur Revolution der Ausgestoßenen beitragen!
Ich will R A C H E!
Ich habe darüber nachgedacht, dass die meisten der Schüler, die mich gedemütigt haben, schon von der GSS abgegangen sind. Dazu habe ich zwei Dinge zu sagen:

1. Ich ging nicht nur in eine Klasse, nein, ich ging auf die ganze Schule. Die Menschen, die sich auf der Schule befinden, sind in keinem Falle unschuldig! Niemand ist das! In deren Köpfen läuft dasselbe Programm, welches auch bei den früheren Jahrgängen lief! Ich bin der Virus, der diese Programme zerstören will, es ist völlig irrelevant, wo ich da anfange.
2. Ein Großteil meiner Rache wird sich auf das Lehrpersonal richten, denn das sind Menschen, die gegen meinen Willen in mein Leben eingegriffen haben und geholfen haben, mich dahin zu stellen, wo ich jetzt stehe: auf dem Schlachtfeld! Diese Lehrer befinden sich so gut wie alle noch auf dieser verdammten Schule! (…)

Seit meinem 6. Lebensjahr wurde ich von euch allen verarscht! Nun müsst ihr dafür bezahlen! (…) Ich bin weg …« (B. 2006, Rechtschreibung wurde redaktionell angepasst)

Bald danach, am Morgen des 20. November 2006, verlässt der gerade 18 Jahre alt gewordene Bastian B. sein gutbürgerliches Elternhaus am Stadtrand von Emsdetten, um ein letztes Mal zum Mittelpunkt seiner Demütigungen zurückzukehren. Er ist ganz in Schwarz gekleidet und bewaffnet mit Sprengkörpern und drei Schusswaffen.

Auf dem Schulhof zündet er eine selbst hergestellte Rohrbombe und einen Rauchkörper. Scheinbar wahllos schießt er auf entgegenkommende Schülerinnen und Schüler; wegen der Pause halten sich zu diesem Zeitpunkt viele Schüler und Lehrer im Freien auf. Mit einer Gasbombe verletzt er eine schwangere Lehrerin im Gesicht. Den Hausmeister schießt er in den Bauch. Durch den Haupteingang betritt er anschließend das Schulgebäude; in der Aula feuert er auf eine Schülergruppe und verletzt dadurch einen weiteren Schüler schwer. Im Treppenhaus schießt er auf weitere Schüler und verwundet zwei Mädchen. Er zündet weitere Sprengkörper; durch die starke Rauchentwicklung werden weitere Personen verletzt. Im oberen Flur des Schulgebäudes tötet sich Bastian anschließend mit einem Schuss in den Mund. Bastians Schreckenstat hinterließ 37, zum Teil Schwerverletzte.

Später, im Rückblick, beschreiben seine ehemaligen Mitschüler Bastian als verschlossen. Sie sagen: »Er sprach kaum mit jemandem, stand immer allein auf dem Schulhof rum. Es war nicht so, dass er mit Absicht ausgegrenzt wurde. Mir schien immer, er lege auch gar keinen Wert darauf.« Bastian sei nicht mehr ernst genommen worden: »Er spielte eine Rolle und machte sich dabei oft genug lächerlich.« Ein Lehrer erinnert sich an Bastians Schulabschluss: »Wir dachten, jetzt sind wir den endlich los« (Deggerich 2006, 37, 3).

Für den Oberstaatsanwalt Wolfgang Schweer wurde die Tat durch »allgemeinen Lebensfrust« ausgelöst. *Der Spiegel* schildert Bastian als jemanden, der »nach Aufmerksamkeit gierte«. Das Nachrichtenmagazin glaubt zu wissen: »Sebastian B. war ein Außenseiter – und gefiel sich in dieser Rolle.« Einige Monate später ist im *Spiegel* nur noch von Bastians »vermeintlichen Demütigungen« die Rede. Damit wurde das Problem Schritt für Schritt entsorgt: Der »Psychofreak«, so noch einmal *Der Spiegel*, habe sich die Demütigungen eben nur eingebildet, zumal er ja eine krankhafte »Gier nach Aufmerksamkeit« gehabt habe. Auch nach Meinung des *Focus* lag das Problem ganz bei Bastian: Er sei eben »unfähig« gewesen, »Niederlagen zu verkraften« und habe sich »als ewiger Verlierer« gefühlt.

Regelmäßig lösen Amokläufe ein großes Rätselraten aus, so auch im *Spiegel*: »Warum? Diese Frage stellen sich Lehrer und Mitschüler, stellt sich die Gesellschaft nach jedem Amoklauf. Nach Erfurt. Nach Emsdetten. Nach Winnenden. Aber meistens gibt es auf diese Frage keine Antwort« (Kaiser 2010, 44). Eine Antwort hatte Bastian durchaus gegeben – sie wurde nicht zur Kenntnis genommen.

»Nicht der Mörder, der Ermordete ist schuldig«, so schrieb Franz Werfel 1920. Die deutsche Sprache verfügt über ein reichhaltiges Arsenal an Formulierungen, mit denen Ursache und Wirkung umgedreht und dem Opfer die Schuld angelastet wird, etwa von Missachtung, Folter, Mobbing oder auch Vergewaltigungen: »zu empfindlich«, »überempfindlich«, »Weichei«, »emotional nicht belastbar« oder »sie war aber auch aufreizend angezogen!«.

Aus diesem Arsenal bedienten sich viele der Kommentatoren in den Wochen nach Bastians Amoklauf. Binnen kurzer Zeit wurde so ein grundlegendes Problem deutscher Schulen aus dem Bewusstsein gedrängt. Ähnliches ist auch nach anderen Amokläufen zu beobachten: Nach wenigen Tagen wird nur noch über Randphänomene debattiert wie Waffengesetze, Computerspiele oder Alarmknöpfe. Auf diese Weise wird ein Problem entsorgt, das von Bastian klar benannt worden war:

Die Tatsache nämlich, dass Schulen in Deutschland für viele Kinder und Jugendliche, aber auch viele Lehrer »Orte des Grauens« sind, wie der Mediziner und Lehrerfortbildner Joachim Bauer schreibt. Für die Lehrer: weil sie in Deutschland, wie kaum eine andere Berufsgruppe, öffentlich entwürdigt werden – von vielen Politikern, Medien, aber auch Eltern und Schülern. Für viele Schüler: weil sie sich im Unterricht häufig missachtet oder bloßgestellt fühlen.

Annedore Prengel und Friederike Heinzel (2003, 18) schätzen, dass dies in jedem dritten oder vierten Klassenzimmer geschieht. Eine Befragung von Volker Krumm und Kirstin Eckstein kommt zum Ergebnis, dass etwa 17 Prozent der befragten Schüler durch Lehrer gemobbt wurden. Bei einer Befragung des Kriminologischen Forschungsinstituts Niedersachsen gaben mehr als ein Viertel der Schüler an, von Lehrern lächerlich gemacht worden zu sein (Irle 2010, 12). Noch kaum abzusehen ist die Zahl derjenigen Schülerinnen und Schüler, die von Lehrern auch sexuell missbraucht wurden. Beim Mobbing untereinander sind deutsche Schüler Weltspitze; verschiedene Untersuchungen kommen zum Ergebnis, dass jeder dritte bis siebte Schüler gemobbt wird (Deggerich 2006, 39; Jeder 2005, 9). Es ist kaum verwunderlich, dass sich diese unerträgliche Situation immer wieder in Gewalt (wie sie zum Beispiel an der Berliner Rütli-Schule bekannt wurde) entlädt und in Extremfällen in Amokläufen.

Von einigen Psychologen wird der Zusammenhang zwischen schulischen Kränkungen und Amokläufen durchaus benannt (Koch 2007); diese Überlegungen spielen aber in den politischen Konsequenzen auf die Amoktaten bisher so gut wie keine Rolle. Auch das mäßige Abschneiden deutscher Schüler in internationalen Vergleichen (wie z. B. PISA) hätte Anlass werden können, über die andauernde Misere des deutschen Schulsystems nachzudenken: Wie könnte Lehren und Lernen gelingen, solange die Schule für so viele der Beteiligten ein Ort der Entwürdigung ist? Nach wie vor werden jedoch die grundlegenden Probleme unserer Schulen weder thematisiert noch korrigiert:

Anstatt die Verletzungen der Würde von Schülern und Lehrern zu benennen, wird seit Jahren weitgehend nur über Zahlen, Ausstattungen, Lehrpläne und andere Randphänomene debattiert. Dabei bleibt schleierhaft, weshalb die Umstellung des Schulbetriebs auf Ganztagsschulen eine Lösung darstellen soll: Für die vielen Schüler, die die Schule als einen Ort des Grauens erleben, wird das Grauen dadurch nur noch verlängert.

Ebenso schleierhaft ist, weshalb »Milliarden für die Bildung« (wie die Presse am 18. 12. 2009 ankündigte) die deutsche Schule retten könnten – solange unklar bleibt, wofür diese Gelder ausgegeben werden sollen: für ein besser finanziertes

Grauen? Solange die zugrunde liegenden Probleme überhaupt nicht thematisiert werden, solange sind die Verlängerung der deutschen Schulmisere und weitere Gewalttaten vorprogrammiert.

Missachtungen der Würde sind auch in vielen anderen Bereichen unserer Gesellschaft zu beobachten. Zwar ist in den vergangenen Jahren vieles freundlicher geworden. Das Grundgesetz betont gleich in Artikel 1 die Unantastbarkeit der Menschenwürde. Dieser Artikel ist großartig. Tatsächlich aber *wird* die Würde von Menschen in Deutschland tagtäglich verletzt. Etwa im Straßenverkehr, mit den allgegenwärtigen Gesten der Verachtung.

Eine französische Journalistin schrieb einmal: Wir nehmen den Deutschen nicht übel, *dass*, sondern *wie* sie Mercedes fahren. Missachtungen gehören so sehr zu unserer Kultur, dass wir diese oft gar nicht bemerken.

Etwa wenn alte Menschen mit Schrott verglichen werden, wie dies der damalige Bundesinnenminister Otto Schily tat – ohne dass dies von der öffentlichen Meinung kritisiert worden wäre. Wenn Arbeitslose als faule Schmarotzer und »Wohlstandsmüll« verachtet werden, wie dies durch die Hartz-IV-Gesetze suggeriert und durch viele Medien, große Teile der Öffentlichkeit und Politiker (aktuell: Guido Westerwelle) verbreitet wird. Wenn Ostdeutsche von Westdeutschen als zurückgebliebene »Ossies« verachtet werden. Oder wenn der damalige Bundesfinanzminister Peer Steinbrück die Schweiz mit Ouagadougou vergleicht.

Viele Menschen scheinen kein Bewusstsein dafür zu haben, wie sie durch ihr Verhalten die Würde anderer Menschen verletzen. Etwa der Vorgesetzte, der einen zynischen Witz auf Kosten eines Mitarbeiters macht und, darauf angesprochen, nur lachend abwinkt: »War doch nur ein Scherz, nicht so gemeint, nichts für ungut.« Der Hochschullehrer, der hinter den Kulissen die Arbeit eines Kollegen sabotiert. Oder die Hausfrau, die ungeprüft rufschädigende Gerüchte über Nachbarn aufnimmt und weiterverbreitet: Sie alle würden entrüstet von sich weisen, dass sie sich an Mobbing beteiligen.

Darum dieses Buch: Sein erstes Anliegen ist es, auf einen spezifischen blinden Fleck in der deutschen Gesellschaft aufmerksam zu machen. Ich möchte zeigen, dass viele unserer zwischenmenschlichen Beziehungen – gerade auch in Schule und Arbeitswelt – durch Verletzungen der Würde vergiftet werden.

Das zweite Anliegen des vorliegenden Buches ist es, Wege aufzuzeigen, wie wir zu einem Menschen-würdigenden Miteinander kommen können. Es wird ausgeführt, was Menschenwürde für die Beziehung mit sich selbst und für die Arbeit mit Menschen bedeutet und wie sie verwirklicht werden kann; dies wird an verschiedenen Berufsfeldern aufgezeigt.

Wichtig sind dabei auch die strukturellen und gesellschaftlichen Bedingungen, in denen Menschen mit Menschen arbeiten.

In meinen zahlreichen Seminaren mit Berufstätigen verschiedener pädagogischer und psychosozialer Arbeitsfelder mache ich wiederholt die erschütternde Erfahrung, dass viele Berufstätige sich menschenwürdige Institutionen schlichtweg nicht vorstellen können. Auf die Frage: »Welche strukturellen Bedingungen brauchen Sie, damit Ihre Würde und die Ihrer Patienten gewahrt ist?«, antworten beispielsweise nicht wenige Pflegekräfte zunächst mit dem Ausruf: »So etwas wäre doch völlig utopisch!«

Viele Lehrer, Eltern und bildungspolitisch Interessierte reagieren mit erstauntem Unglauben auf die Information, dass an kanadischen Schulen größten Wert auf ein respektvolles Lernklima gelegt wird.

Die deutsche Gesellschaft und insbesondere ihre Pädagogik scheint mir in folgendem Teufelskreis verfangen: Weil viele Deutsche in ihrer eigenen Schulzeit mit Entwürdigungen unterrichtet wurden, können sie sich eine nicht-entwürdigende

Schule – und eine entsprechende Arbeitswelt – oft nicht vorstellen. Dies hat zur Folge, dass erfahrene Entwürdigungen häufig in der eigenen Berufspraxis wiederholt werden. Mit diesem Buch möchte ich dazu beitragen, diesen transgenerationalen Teufelskreis zu durchbrechen. Dazu werde ich zunächst den Begriff der Menschenwürde aus Sicht derjenigen Emotion, die für die Würde zuständig ist – Scham – konkretisieren.

Stephan Marks

Bibliografische Information der Deutschen Nationalbibliothek

Die Deutsche Nationalbibliothek verzeichnet diese Publikation
in der Deutschen Nationalbibliografie; detaillierte bibliografische
Daten sind im Internet über http://dnb.d-nb.de abrufbar.

MIX
Papier aus verantwortungsvollen Quellen
FSC
www.fsc.org
FSC® C006701

Verlagsgruppe Random House FSC-DEU-0100
Das für dieses Buch verwendete FSC®-zertifizierte
Papier *Munken Premium Cream* liefert
Arctic Paper Munkedals AB, Schweden.

1. Auflage
Copyright © 2012 by Gütersloher Verlagshaus, Gütersloh,
in der Verlagsgruppe Random House GmbH, München

Dieses Werk einschließlich aller seiner Teile ist urheberrechtlich geschützt.
Jede Verwertung außerhalb der engen Grenzen des Urheberrechtsgesetzes ist
ohne Zustimmung des Verlages unzulässig und strafbar. Das gilt insbesondere
für Vervielfältigungen, Übersetzungen, Mikroverfilmungen und die Einspeicherung und Verarbeitung in elektronischen Systemen.

Coverfoto: Ausweg © lassedesignen – Fotolia.com
Druck und Einband: CPI – Ebner & Spiegel, Ulm
Printed in Germany
ISBN 978-3-579-06696-7

www.gtvh.de

Der Verlust der Schamgrenzen – eine Bestandsaufnahme

Über Fremdschämen und die wachsende Unfähigkeit, mit Schuld umzugehen – Petra Bahr geht den neuen Formen von Scham, Beschämung und Schamlosigkeit nach: in der Politik, den Medien, unter Armen und Reichen, auf dem Schulhof. Ein kluges Buch, eine entlarvende Bestandsaufnahme.

Petra Bahr
DIE UNVERSCHÄMTE GESELLSCHAFT
Eine Kulturkritik
192 Seiten / gebunden mit Schutzumschlag
ISBN 978-3-579-06664-6

www.gtvh.de

GÜTERSLOHER VERLAGSHAUS